力 言◎编著

网店经营必备全书

WANGDIAN JINGYING BIBEI QUANSHU

带你走进不一样的商业模式，教你成功开店的实战经验。

中国农业出版社

图书在版编目（CIP）数据

网店经营必备全书／力言编著. —北京：中国农业出版社，2015. 1
ISBN 978-7-109-20100-2

Ⅰ. ①网…　Ⅱ. ①力…　Ⅲ. ①电子商务-商业经营
Ⅳ. ①F713. 36

中国版本图书馆 CIP 数据核字（2015）第 011392 号

中国农业出版社出版
（北京市朝阳区麦子店街 18 号楼）
（邮政编码 100125）
策划编辑　刘　玮　黄向阳
文字编辑　刘金华

北京万友印刷有限公司印刷　　新华书店北京发行所发行
2016 年 9 月第 1 版　　2016 年 9 月北京第 1 次印刷

开本：910mm×1280mm　1/32　　印张：7
字数：200 千字
定价：26. 80 元

Preface

21 世纪是信息化高速发展的时代，市场竞争激烈，市场经济潮起潮落，人们赚钱的手段可谓层出不穷。互联网是 21 世纪最先进的工具，并在市场经济中占据着越来越重要的地位。随着网络科技的发展，电子商务成了互联网时代诞生的一种全新的销售模式。

目前，网上冲浪、网上购物等已经成了现代社会的潮流，电子商务已经处于一个非常成熟的阶段了。世界首富比尔·盖茨曾经说过："21 世纪要么电子商务，要么无商可务！"电子商务代表着未来贸易方式的发展趋势。

在我们的周围，经常会听到这样的话："我今天网购了一个XX。"大家一听到"网购"就知道是在网上买东西。而在网上买卖东西就需要有网络交易平台。有了平台，我们就可以在网上开店，进行买卖。

有很多人都有自主创业的梦想，而创业对于每个人来说都是有机会的。与传统的商业模式相比，网上开店具有投资少、成本低、经营方式灵活、交易快捷等优势，这也就吸引了大批创业者投入网上开店的行列。创业需要的是理智而不是冲动，要想网上开店成功，首先要做好开店前的充分准备。为了帮助创业者们在网上开店成功，笔者特意编写了这本《网店经营必备全书》。

考虑到有些读者可能不太熟悉电子商务，只是想在网上开店赚钱，本书没有使用过多深奥的专业术语以及晦涩难懂的理论知识，而是采用易懂的文字、典型的例子、生动的图片，帮助广大读者快速学会创建网店并掌握经营网店的一些技巧。

鉴于本人水平有限，本书内容难免有纰漏之处，敬请广大读者批评指正。

Contents

第一章 网店的入门基础知识

第一节 适合开网店的人群及网店的优势

一、适合开网店的人群

同经营实体店一样，要想顺利经营网店也要经过一系列的市场调查之后才能实施。经营网店的时候不仅需要诚信和耐心，专业知识更是不可缺少的，它包括多方面的知识，如店铺营销、财务管理等。只有明确自己适合开设网店之后才能具体进行。但是，哪些人群适合开设网店呢？主要的人群有以下几种类型：

1. 小企业管理者

在没有电子商务之前，由于中小企业名不见经传，商品的销路很难拓宽，很难将自己的商品送到百货公司去销售。通过网上开店或者网络营销就拥有了一个十分广阔的平台，使“难销售”的问题得以解决。地段、规模、项目等因素已经不能约束商品的销售，实现了资源共享，中小企业在网络店铺上得到了与知名大企业平等竞争的机会。这种经营的策略也通过网络扩展到了全球范围。

2. 大学生

通常在校大学生因为学业压力较小，课程较少，拥有十分轻松的校园生活，同时非常熟悉网络，新颖的想法比较多，而且大学生有很强的接受新事物的能力，闲暇时间上网开店也是一种很有意义的课外实践。

据分析，大学生在不影响学习的情况下，兼职开网店是非常好的实践。这样的经历不仅能获得一定的利润，并且使创业经验得到了丰富、沟通能力得到了提升；创业教育既是对想要创业的人的一种教育，也是即将走入社会的大学生需要的一种教育。只有接触社会，熟悉人际沟通，了解商业规则，将来求职、就业才会更加顺利。

3. 初创业者

创业之初，因为没有很响亮的知名度，生意自然也不会很红火。但是网上开店避开了这个软肋，风险较小，通过开设网店，商品在售出的同时也就增加了公司的知名度。此外，网民可以通过搜索引擎找到店铺的链接。知名度一旦建立起来，公司的业绩将会更上一层楼，网上网下两不误，很容易就能实现生意的双丰收，也就是"网下开小店当老板，网上开店铺做掌柜"。

4. 收藏爱好者

收藏者的手中经常会有很多市面上很难看到的物品，如果将这些物品在网上进行销售，一定会收到很好的效果。

5. 宝贝多型

由于一些人喜欢追求时尚物件，经济条件也很好，会经常购买很多新鲜物品。所以手中就会有很多宝贝，经常烦恼如何处理，又不舍得将其丢弃。因此，可以开设网店将这些宝贝卖给那些同样喜欢这些宝贝的人。

6. 香港商人

"购物天堂"当属香港，"世界上最伟大的推销员"通常也是香港商人的名号，他们的现代意识很强，十分上进、坚强，香港商人著称于世的就是效率高和速度快。所以香港人如果开设网店销售港货，经营效果一定会很好。

7. 乐于交友型

网店不仅可以买卖商品，同时也可以作为个人展示的平台。店面的设计体现了店主的眼光与品位，在与客人进行交流的过程当中，体现了店主的热情。

8. 自由职业者

有很多自由职业者喜欢上网冲浪，开网店并不是为了赚钱，而是希望和别人分享自己在网上淘来的宝贝，顺便结交一些志趣相投的朋友，主要是为了充实自己的生活才开设网店的。所以，这些人的投资风险都较小，同时以此为契机广交朋友、拓宽人脉，为以后的发展做准备。

9. 拥有实体店的人

很多经营者拥有实体店，有时候他们也会开网店进行网上经营，这样就可以使消费群体得到增加，并且销售渠道也会拓宽。

但是，并不是所有的实体店都可以进行网上经营，要根据具体的经营产品来选择不同的经营策略。

二、网店的优势

网店的优势如下：

1. 永不关门

网上经营没有时间限制，基本上是 24 小时营业，经营地点与经营面积也不会对经营效果产生影响，所以，开网店没有任何地点限制，只要条件允许，经营者可以销售任何商品，任何时间都可以提供给客户良好的服务。

2. 成本低廉

在网上开店的人不用租赁销售场所，不用为水电费以及员工的工资发愁，主要应该考虑的问题就是商品是否“货真价实”，是否受消费者的欢迎等。

3. 服务优质

所有实体店中的普通交易在网店上也可以实现，通过多媒体技术还能将更加全面的商品信息展示给购买者。

4. 客户无限

网店中的商品不受地域以及空间的限制，只要上网就能访问到商品的信息。只要网店经营的商品有特色、价格合理、宣传得当、经营得法，网店的访问流量就会很好，商品售出的机会也会很大，自然就会取得良好的经营效果。

5. 经营方式灵活

网店是在互联网的基础上开展起来的，开网店可以是全职也可以是兼职，经营起来简单、方便。

第二节　开网店的必备条件

一、必需的硬件和软件

要想在网上开店，就要有一定的硬件和软件设施。由于电子、电脑及相关软、硬件产品的发展十分迅速，所以这里只将目前最流行的产品以及网上开店需要满足的条件讲述出来。

1. 硬件

经营的商品种类将直接影响到网店所需的硬件，因此有一些设备是必不可少的，其中就包括电脑、移动电话、数码相机和宽带网络连接。

(1) 电脑

台式机和笔记本电脑是目前市面上经常会见到的电脑类型。对台式机进行分类又可以分为组装机和品牌机。组装机虽然拥有低廉的价格，但电脑的各种配件都需要自己购买，通常有一定计算机基础的人适合这种形式的电脑；品牌机的价格虽然略高，但拥有比较周到的售后服务。如果一台台式机的价格为3000~5000元，则完全可以满足建设网店所需要的电脑设备。笔记本电脑不仅携带方便，还可直接读取数码相机、手机存储卡等。相同性能下笔记本电脑要比台式机的价格高出许多，通常在10000元左右，如果条件允许也可以购买。图1-1所示为台式机与笔记本电脑。

图1-1 台式机与笔记本电脑

(2) 移动电话

现代社会中移动电话已经必不可少，在网店的开设过程中将会有更多的用处。例如，店主和买家进行必要的联系，不用整日面对电脑。在使用网上银行、注册“电子钱包”等其他业务的时候，手机也会带来不少方便。

（3）数码相机

照片是网店展示商品的必要内容，所以一定要有数码相机。目前价格在2000元左右的数码相机已经拥有了700万以上的像素，已经完全能够满足网店的需要。另外一个便携式三脚架也是建议拥有的，主要起固定相机的作用。如果店主销售的商品是小型手工艺品，就需要购买那些具有较好微焦功能的相机。如图1-2所示为数码相机与小型三脚架。

图1-2 数码相机与小型三脚架

（4）宽带网络连接

拨号连接和宽带连接是目前用户上网的主要接入方式。对于网店的店主而言，宽带连接是比较好的选择。这种网络连接方式在上传图片、下载软件的时候可以保证足够的网速，同时能够保证长时间上网。使用宽带上网的另一个好处就是与固定电话不会产生使用冲突，是一种比较划算的网络连接方式。目前，主要的宽带业务提供商是电信、网通、铁通，通常情况下，在北方地区网速较快的是网通，电信主要是在南方地区速度较快。北京、上海等大城市使用一年的价格在1500元左右，而其他城市的价格已经降至1000元，甚至以下。具体价格可到当地的营业厅进行咨询。

要想上网就要通过专门的网线和接入端口连接，网线通常采用8芯线。在购买网线的时候，可以根据具体需要选择合适的产品，有些商家还能根据长度要求现场制作。注意网线包装上标注的“M”是指长度“米”，并不是宽带中经常使用的“兆”，如图 1-3 所示。

图 1-3 带包装的网线

除了上述四种设备在开设网店的时候必备之外，还有一些硬件同样建议拥有，那就是打印机、传真机、扫描仪和手写板。

(5) 打印机

与电脑连接以后的打印机，能够将文字、图片等内容在纸上打印出来，为携带与保存提供了很大便利。在前往邮局批量寄送货物，或者整理买家资料的时候，将客户的购买信息打印出来可以避免抄写错误，进而产生不必要的麻烦。目前，家用打印机的书写方式主要是喷墨式，根据打印质量的要求，价格的变化幅度较大。如果只是打印文字，不需要打印照片，价格在 2000 元以内的打印机就已经能够满足开网店的需要了。

(6) 传真机

如果需要收发与客户商谈业务时产生的文字版材料，包括合同、协议等，就需要拥有一台传真机。由于经营的产品比较特殊，某些网店在销售产品的时候可能会遇到顾客需要通过传真来确认具体的商品信息的情况。一台家用传真机的价格目前一般在 1500 元左右。

(7) 扫描仪

如果想要将纸面上的文字或照片以图片的形式输入电脑就需要拥

有一台扫描仪，开网店的时候需要扫描的有产品的说明书、宣传册。目前，一台600元左右的扫描仪就能完成开设网店所需要的扫描工作。同时，有些数码相机已经可以代替扫描仪，具有一定的文字拍摄模式，如果拥有一台具有此功能的数码相机就不需要购买扫描仪。

（8）手写板

手写板主要是为那些不习惯使用电脑键盘输入汉字的用户提供的一种文字录入工具，店主可以用它将汉字“写”出来，经过电脑识别以后就可以将汉字显示出来。现在市面上已经能买到手写板，100元以下的汉字手写板产品已经可以满足开网店的要求。

上述四种工具与店主个人情况以及商品经营种类关系较大，是极有可能用到的工具，店主可以根据具体需要进行选购。

2. 软件

在经营网店的时候，软件同样也是必不可少的，有效利用这些软件，可以完成经营网络商店的必要工作，进而保证交易的顺利进行。在开设网店的时候需要的软件主要有聊天工具、图片编辑器、文字编辑软件、杀毒软件等。

（1）聊天工具

聊天工具的主要功能是进行沟通。现在，有些电子商务网络平台上已经有专门的聊天工具，如淘宝网与“阿里旺旺”等。通常可以在网上免费下载聊天工具。

因为淘宝网的使用比较广泛，所以将与淘宝网相结合的“阿里旺旺”的下载方法首先介绍一下。

①在浏览器地址栏输入“淘宝网”的主页地址“www. taobao. com”，网页打开之后在搜索一栏输入“阿里旺旺”。

②单击“搜索”，免费下载的页面就会出现；单击“阿里旺旺2013（买家版）立即下载”，选择保存位置，之后就会开始自动

下载。

以上两个步骤，如图 1-4 所示。

图 1-4 下载阿里旺旺软件

③双击打开下载之后的文件，安装过程就会开始。按照默认的设置，同意其中的条款，一直单击“下一步”直到显示安装完成即可。

④安装完成以后，阿里旺旺开始运行，如图 1-5 所示出现登录界面，这就表示下载安装已经成功。

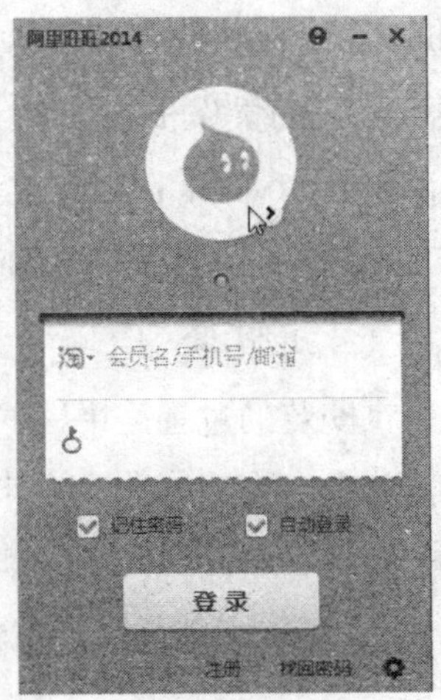

图 1-5 阿里旺旺聊天工具的登录界面

如果店主是在易趣网上开设网店，主要的聊天工具就是“易趣通”，这一软件在具有实时聊天功能的同时，还能够拨打固定电话。想要下载这款软件可以在易趣网主页底部找到“易趣通下载”的图标，单击之后就可以进行下载。安装过程与上述两款软件也很相似，这里就不加以讲述了。除了下载这些固定的聊天工具之外，购物网站还会提供临时聊天窗口，虽然界面比较简单，但是在购买过程当中的临时沟通任务还是能够完成的。

（2）图片编辑器

图片编辑器的主要作用是对照片进行处理，使在网络上展示的照片符合要求。有很多这样的软件，“Photoshop”是其中比较专业的一种图片编辑器。该软件具有很强大的功能，很多人都采用这种软件对图片进行修饰。但由于“Photoshop”安装过程复杂，同时又是一款收费软件，需要一定时间的学习之后才能使用，所以暂时先不对“Photoshop”进行介绍。有一款称为“光影魔术手”的免费图片编辑软件，这款软件处理过后的图片，就已经基本满足要求了。在处理图片的时候可以先使用“光影魔术手”，等了解了一些基本操作与术语之后，再学习用“Photoshop”处理图片，将会收到更加良好的效果。以下就是使用“光影魔术手”的操作步骤。

①打开光影魔术手的网站“www. neoimaging. cn”。

②下载光影魔术手。如图 1-6 所示，在页面上可以看到图标，目前推出的“光影魔术手 4. 4. 1 版本”。

③安装光影魔术手。在安装的过程当中，同安装聊天工具一样可以采取默认的选项，一直单击“下一步”，最后完成安装。安装成功之后，光影魔术手的界面就会开始运行，如图 1-7 所示。

（3）办公工具软件

微软公司的“Office”是现在应用比较普遍的一种办公软件。在

图 1-6 下载光影魔术手

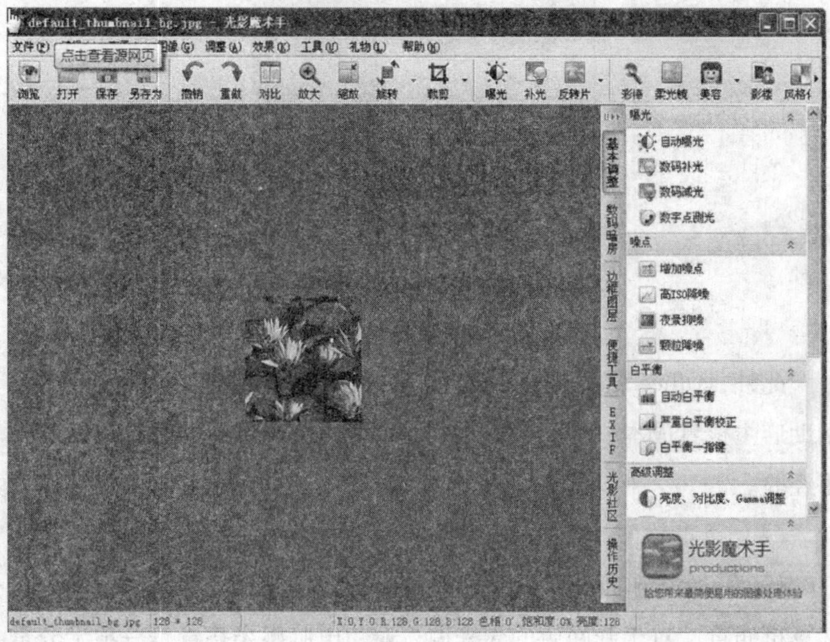

图 1-7 光影魔术手的开启画面

经营网店的时候，会经常需要处理一些文字，这时候就会用到“Word”。Word拥有简单灵活的操作方式，良好的可视化用户界面，编辑的文档与打印出来的效果基本一致。增加、删除、修改文字，查找、替换文字，设定格式，同时处理表格、图片等都可以通过这个软件来完成。

Office软件通常不需要单独安装，因为在购买电脑的时候，店家已经将该软件安装好，所以在运用的时候只要找到就好。单击“开始”菜单，找到“程序”中的“Microsoft Office”，之后单击“Microsoft Office Word 2003（或2007）”就可以运行Word了，如图1-8所示。

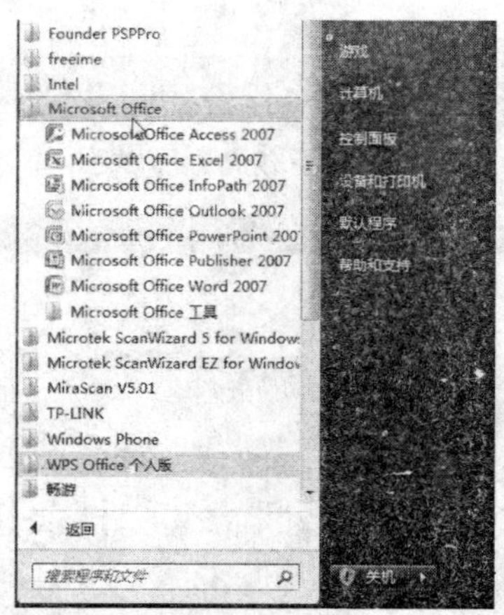

图1-8 从开始菜单运行Word

此外，Office软件还可以提供Excel来组建编辑一个电子表格，帮助店主核算成本、利润、销售利润率等财务指标，并总结以往的销售经验。

（4）杀毒软件

任何一台电脑都离不开杀毒软件，它们的主要功能是防止、查杀计算机病毒。对于开网店的人来说，避免电脑感染病毒是一项十分重要的工作，要做到“防患于未然”。而一款杀毒软件往往只能查杀

"病毒库"中所带的已知种类的病毒，新出现的病毒就会成为"漏网之鱼"，进而攻击店主的电脑。想要解决这样的问题，就要及时升级杀毒软件。现在，越来越多的杀毒软件开始收费了，而杀毒软件之所以要收费主要集中在病毒库的升级上。对那些开网店的店主而言，使用杀毒软件的费用，与中病毒造成的损失相比要小很多，所以在创建网店之前，一定要选购一款合适的杀毒软件。许多优秀的国产杀毒软件已经在市场上出现，如"瑞星杀毒软件""金山毒霸""江民杀毒软件 KV"等。现在，三者每月的杀毒软件花费均不到 10 元钱，就能及时对病毒库进行升级服务。同时，不定期地还会收到这些杀毒软件公司推出的免费试用和优惠活动，应当及时予以关注。

准备开网店的"店主"在安装杀毒软件的时候，不要直接从网上下载，可以购买盒装的光盘版杀毒软件，这种杀毒软件一般在软件商店或书店都有销售。这样的产品在包装中一般都会有较为详细的使用说明，按照说明上的步骤进行操作，安装之后就可以直接使用。但要知道一点，不管杀毒软件的来源途径如何，都有可能因为"到期"而停止升级病毒库，到时如果还想使用该杀毒软件，可通过网上支付进行续订。

二、电子钱

在网上进行购物，因为没有办法直接收取现金，所以就要有专门的货币，这种货币称为"电子钱"。下面就详细介绍一下"电子钱"以及其使用方法。

1. 电子钱初接触

(1) 电子钱与电子钱包

通过网络来支付的各种货币形式都可以称为电子钱，这里所指的电子钱主要是通过"支付宝""财付通""安付通"等中间平台完成支付的。

既然是网上购物、网上开店，买家当然希望所有的购买过程都可以足不出户地完成，付款当然也不例外。使用电子钱的第一个优点就是方便，使用电子钱可以帮助买卖双方在网上达成交易；第二个特点就是保证了交易的安全。与买家通过银行柜台电汇、邮局汇款等直接向卖家汇款的方式相比，使用电子钱进行付款在一定程度上避免了信用风险。由于买卖双方之间的交易并不是面对面，对方是什么样的人，根本不知道，如果其中任何一方有信誉方面的问题，都有可能对交易造成影响，进而出现问题。如果货物存在质量问题，但是因为卖家已经收到货款，对买家来说就有可能造成损失。反之，如果付款方式是货到付款，买家如果赖账，卖家是束手无策的。这都会为电子商务带来不良影响。

为了使这样的问题得到解决，就要有网上交易平台作为第三方提供货款暂时存放的业务，这种业务就是通过电子钱来完成的。一方面，在验货满意后买家可以通知第三方平台将货款打给卖家；另一方面，买家把货款支付给第三方平台，卖家看到以后，就可以发货。这些交易平台在使用的过程中与钱包的功能是基本类似的，所以也可以称之为“电子钱包”。

（2）电子钱包使用流程

可以设想一下在网店上购买的过程。

首先，买家看到卖家在网络商店中展示的商品，看中之后和卖家进行沟通，之后决定购买。就像在实体店中买东西一样，在付款之前，买主会查看自己的货币是否足够，在网上查看的自然是电子钱包账户中的余额。这时候，如果电子钱包中呈现出的是“暂存状态”，就说明钱包中有备用的钱，并且足够。如果显示的是余额不足，就需要到网上银行去“取钱”，也就是向电子钱包充值。

钱包中的钱足够之后，买家就可以拿出货币，让卖家“看到”自己的钱是可以购买这件货物的，之后就是支付的过程。但是实际上，这时候的钱依然在第三方平台提供的电子钱包中，店主并没有收到，要等到买家满意之后，店家才能收到钱。

当看到买家钱包中有足够的电子钱之后，卖家就可以根据买家的选择进行发货。收到货物并确认无误以后，买家才会将电子钱包中的钱真正交给卖家，也就是通知第三方平台向卖家付款。卖家收到的货款同样要放到电子钱包里，之后就可以存到网上银行里面了。

就这样，当买家将钱放到电子钱包中的时候，第三方交易平台就会通过一定的方式让卖家看到，之后卖家才会放心发货。在这个交易过程当中同时也给了买家确认商品质量的机会，进而放心购买。

以下是“电子钱包”的基本使用流程，如图 1-9 所示。

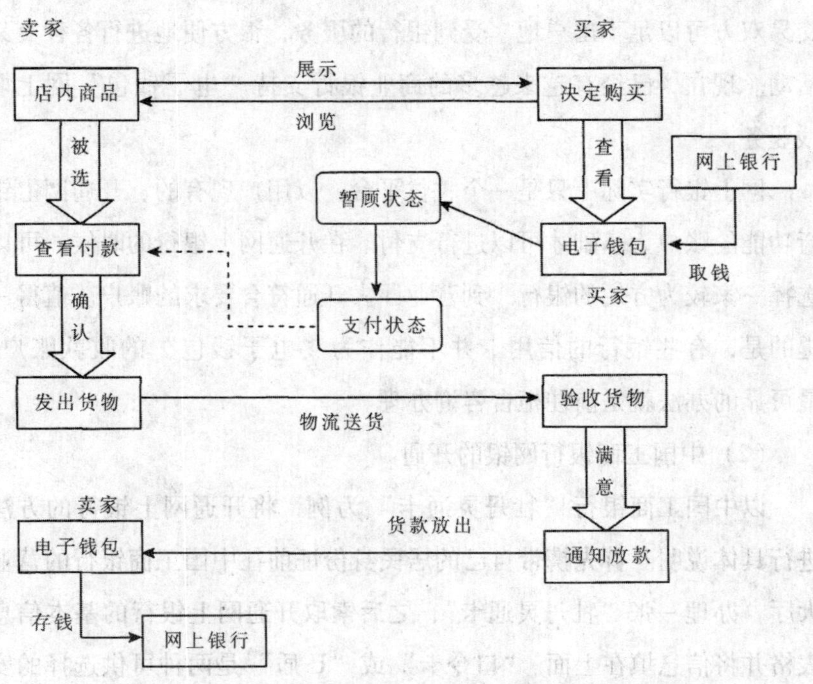

图 1-9 “电子钱包”的基本使用流程

现在，主要的网上平台如“淘宝网”“易趣网”等都采用了这样的付款模式，这种交易方式同时满足了交易双方的利益。虽然它们提供的电子钱包有不一样的名字，分别称为“支付宝”“安付通”，但是基本原理是相同的。

2. 开通网上银行

（1）开通银行的选择

在交易过程中，要想使用“电子钱包”这一支付工具，开通网上银行同样也是必不可少的一步，因为要想“取钱”只能通过网上银行来完成。以下就是关于网上银行的开通与使用方法。各大商业银行为用户开设的网上交易平台就是网上银行，也可以将其简称为“网银”，或称为“电子银行”，它的实质是通过网络来实现银行卡账户中资金的收付，处理各种交易业务。网上银行不受时间、空间限制，交易双方可以足不出户地享受到银行的服务，很方便地进行各种交易活动。现在，已经有越来越多的商业银行支持“电子钱包”网上取钱业务。

网上银行实际上只是一个收付平台，以用户现有的、开通网上银行功能的账户为基础才可以进行支付。在开通网上银行的时候，可以选择一家较为方便的银行，到营业厅去开通符合要求的账户。值得一提的是，有些银行的信用卡并不能作为“电子钱包”的收款账户，最可靠的办法就是前往柜台咨询办理。

（2）中国工商银行网银的开通

以中国工商银行“牡丹灵通卡”为例，将开通网上银行的方法进行具体说明。首先携带自己的居民身份证前往中国工商银行的营业大厅，办理一张“牡丹灵通卡”，之后索取开通网上银行的基本信息表格并将信息填在上面。“口令卡”或“U 盾”是两种可供选择的安全方式。网上银行额外采取的安全手段就是这两种方式，在使用的时候要与密码配合使用。

以数字串的形式提供加密是电子口令卡的主要形式。有若干字符串在每张口令卡的背面印着，如图 1-10 所示。在使用电子银行进行支付交易时，电子银行系统会要求客户将指定行、列所对应的数字输入。由于每个人的口令卡都不一样，要想使交易顺利进行，只有输入正确的口令组合。在进行网上购物时，口令卡还会有 1000 元/笔、5000 元/日的金额限制，以保证客户的账户安全。

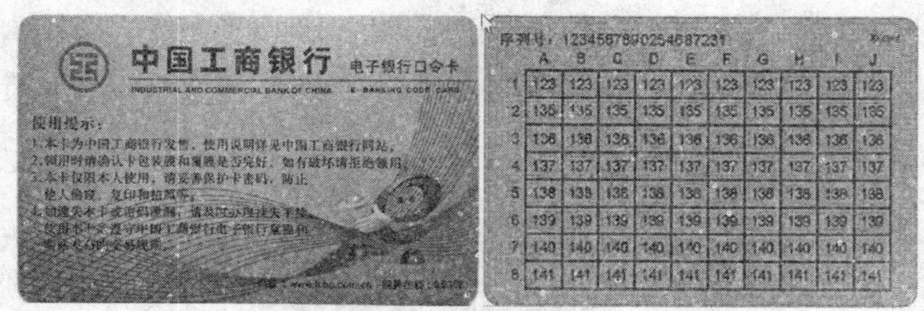

图 1-10　中国工商银行 电子银行口令卡

“U 盾”是一种电子银行工具，具有更高级别的安全保证系数，与拇指差不多大小，与常用的移动存储设备“U 盘”极为相似，如图 1-11 所示。应根据包装中的说明材料将驱动程序、下载证书信息等下载安装好，才能顺利使用“U 盾”。要想使用“U 盾”进行交易，需要将其与电脑的 USB 接口连接好。如果没有与支付账号相对应的“U 盾”，就不能成功进行付款。由于“U 盾”与电子口令卡相比具有更加安全的保护机制，所以在使用它进行交易的时候就没有金额限制。

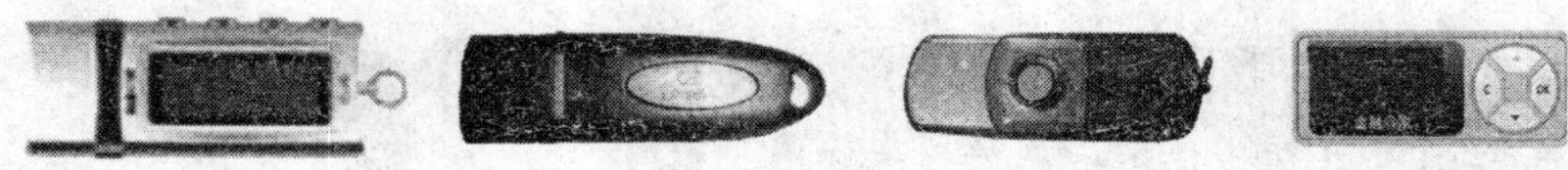

图 1-11　中国工商银行 U 盾

在填写信息表的时候还会要求填写“预留信息”，“预留信息”可以是任何一个词语。这个“预留信息”将会在登录网上银行之后出现，有防止网站冒充中国工商银行来骗取信息的作用。

信息表填写完以后，柜台里面的工作人员会将相应的手续办理完毕。成功开通网上银行之后，银行柜员会要求设置一个初始的登录密码，这个密码一定要记住，在首次使用时会用到。

（3）其他银行的网银

其他各家商业银行开通网上银行的步骤大致相同，在安全方式上会略有不同。例如，中国银行使用的是电子化的一个拇指大小、有液晶显示屏的“动态口令 E-Token”，如图 1-12 所示。虽然这只是一个小物件，但是会定时显示一串发生变化的数字，想要登录网上银行就需要将这些数字正确输入。

图 1-12 中国银行电子口令 E-Token

“网银盾”“动态口令卡”是中国建设银行采取的安全保护措施，与上述有相同的原理。

3. 登录网上银行

网上银行开通之后，任意一台连接到互联网的电脑都可以进行网上银行的登录。国内主要商业银行网银的登录方法，以下将会做详细的介绍。

（1）登录中国工商银行网银

如果是刚刚开通中国工商银行的网上银行，第一次登录的时候，要进行以下步骤。

①将中国工商银行的网址“www.icbc.com.cn”输入到地址栏中，进入中国工商银行网上银行的首页，单击“个人网上银行登录”的图标，如图 1-13 所示。

图 1-13 中国工商银行网上银行首页

②调整计算机设置。个人网上银行控件下载是这一步中最重要的，如图 1-14 所示。使用“电子银行口令卡”的用户只需完成其中的前两步即可，网页上提示的第三至第四步是为“U 盾”用户准备的。

③输入登录信息。单击设置调整提示页面上的“登录”按钮，出现如图 1-15 所示的页面。将牡丹灵通卡的卡号填入到“卡（账）号/用户名”一栏中，通常 95588 是起始位；将在网点柜台留下的初始密码填入到“登录密码”一栏中；一定要看清楚“验证码”一栏右侧框中出现的数字，并将这些数字填到框中；最后单击“登录”按钮即可。

图 1-14　计算机设置调整提示

个人网上银行登录

卡（账）号/用户名：　找回用户名

版本：6.9　登录密码：

验证码：1079

您使用网上银行，须阅读并遵守《中国工商银行电子银行章程》、《中国工商银行电子银行个人客户服务协议》和《中国工商银行个人网上银行交易规则》，如您使用贵宾版个人网上银行还须阅读并遵守《中国工商银行贵宾版个人网上银行服务须知》。

登录

图 1-15　中国工商银行个人网上银行登录页面

计算机难以自动识别验证码图片中的字符，所以验证码主要是用来防止那些恶意软件通过不断猜测密码并自动填写的方式来登录网银，进而影响网银的安全。

④修改密码。第一次登录网上银行的时候，网站会自动提醒进行密码修改。密码主要有两种，即登录密码和支付密码，前者主要是在登录网上银行的时候用到，后者主要用于实际交易时的确认。大小写英文字母、数字等都可以组成密码，在输入密码的时候一定要注意键盘的大写按钮“Caps Lock”是否开启，以免造成不必要的麻烦。

⑤修改完密码以后，要重新进入登录页面。在图 1-15 所示的页面中重新输入相关内容，最后单击“登录”，出现图 1-16 所示的页面，登录成功。

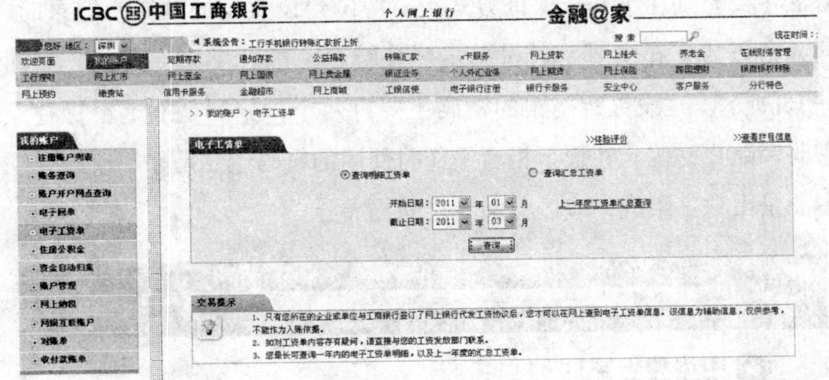

图 1-16 中国工商银行个人网上银行操作页面

⑥如果想要查看银行卡账户上的现有金额，只要单击“余额查询”就能看到。因为这时候并没有进行资金收支交易，所以电子口令卡或“U 盾”还没有实际用到。

有时候因为各种原因，网上银行会出现反复自动退出的现象，主要是网络和中国工商银行平台本身造成的，这时候就会出现“操作超时”或“验证码超时或输入错误”的提示，如图 1-17 所示。如果遇到这样的情况，可以不用采取任何措施，过一段时间之后再进行一次尝试。如果这种问题始终没有解决，就可以通过拨打中国工商银行的客户服务电话进行咨询解决。

图 1-17 登录错误的提示页面

⑦退出网上银行。在完成所有操作后，如果想要安全退出网上银行，找到“安全退出”按

钮，单击即可安全退出。

（2）登录其他银行网银

与前述中国工商银行的网银登录办法相比，其他银行的网银登录方法主要差别在于安全保证方式上。中国建设银行的网银在登录时，输入密码的方式主要是通过单击屏幕键盘上的数字来完成的，如图1-18所示。建设银行网银的密码主要有两个，分别是网上银行登录密码和账户密码。在银行柜台操作时使用的密码主要是账户密码，它主要是由数字组成，应区分两者之间的差异。

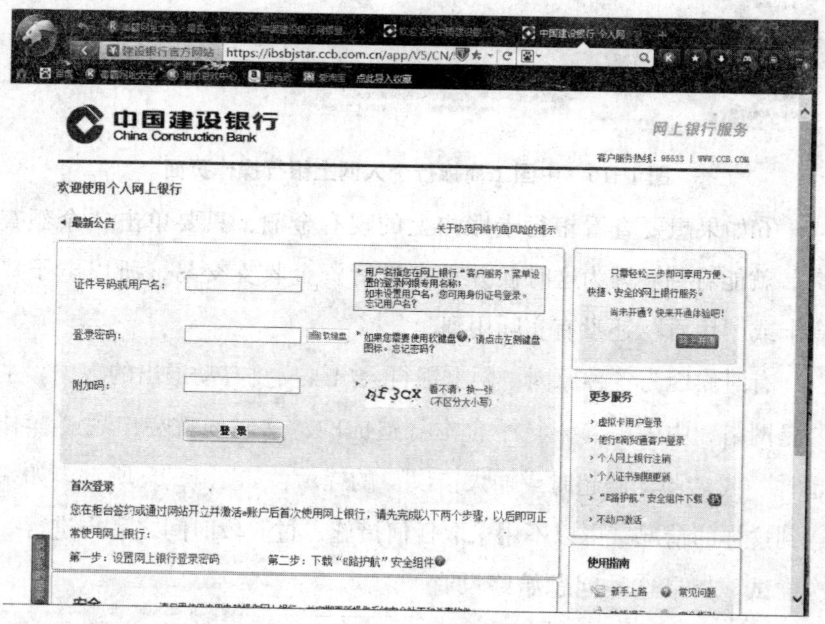

图1-18　中国建设银行登录页面

如果要想登录中国银行的网银，就应该先单击“个人客户网银登录”，位置在主页的右侧，在之后出现的页面中填写登录信息，如图1-19所示。

成功登录中国建设银行、中国银行网银之后的操作页面分别如图1-20、图1-21所示。

图 1-19　中国银行网银登录页面

图 1-20　中国建设银行网银操作页面

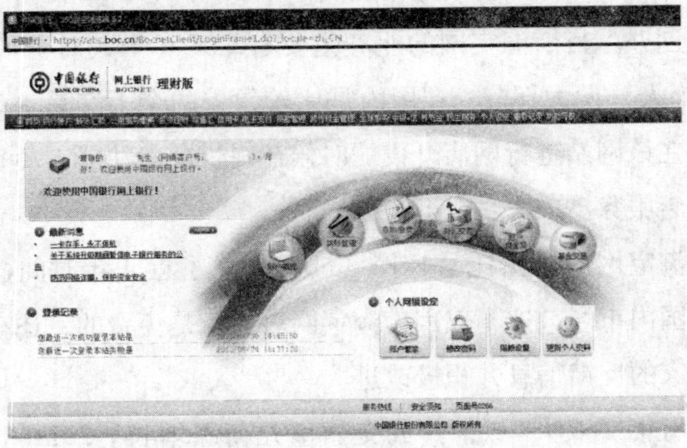

图 1-21　中国银行网银操作页面

第三节 网上交易平台

一、交易平台的介绍

在开网店之前，对网店平台的选择也十分重要，选择比较适合的平台，将会收到事半功倍的效果。“磨刀不误砍柴工”，前期下足了功夫，将会对以后的商品销售很有益处。

目前在网络上，已经有很多网站可以提供免费开店的业务。

1. 淘宝网

对于想要网上开店的用户来说，选择合适的网站至关重要，其中一个很好的选择就是淘宝网。

http：// www. taobao. com/是淘宝网的网址，淘宝网的首页如图1-22 所示。

亚洲最大的网络零售商圈淘宝网于 2003 年 5 月 10 日由阿里巴巴集团投资创办。目前淘宝网的业务主要有 C2C（个人对个人）、B2C（企业对个人）两大部分，在国内是比较领先的个人交易（C2C）网上平台。在该网站进行网店开设的时候还提供免费注册、免费认证以及免费开店服务。

尽管淘宝网的推出比易趣网（eBay）晚了近 4 年时间，但却迅速占领了国内市场，这不仅因为淘宝网对卖家是免费的，还在于它能够听取卖家的反馈信息并积极改进。

回顾历年“双十一”，其成交额呈几何级增长。2011 年“双十一”，淘宝成交额为 52 亿元。2013 年，实现 191 亿的成交额。2013

图 1-22　淘宝网首页

年，支付宝交易额达 350.19 亿元，这相当于中国日均社会零售总额的一半。2014 年，阿里移动端成交额达到 243 亿，是 2013 年移动交易额的 4.54 倍，占到全年总成交额的 42.6%，创下全球移动电商平台单日交易的历史新高。

根据中国互联网络信息中心 CNNIC 第 35 次互联网统计报告，截至 2014 年 12 月，我国网民规模达 6.49 亿。而淘宝网目前的注册会员将近 5 亿，所占比例约为全体中国网民数量的 77%。淘宝网每天有超过 6000 万的固定访客，同时每天的在线商品数已经超过了 8 亿件，平均每分钟售出 4.8 万件商品。

淘宝网提倡诚信、活跃、快速的网络交易文化，一直坚持“宝可不淘，信不能弃”的原则。在为淘宝会员打造更安全高效的网络交易平台的同时，也为更多网民提供了就业机会。这就让很多人对在淘宝网开设网上商店、创办自己事业有了信心和决心。实际上因为淘宝网的出现，开设网店的人数增加了很多。

2. 易趣网

易趣网网址为 http：//www. eachnet. com/，其首页如图 1-23 所示。

图 1-23 易趣网首页

中国最早提供网上开店服务的购物网站中易趣网就是其中一个，由邵亦波和谭海音于 1999 年 8 月 18 日创立于上海，主要是提供 C2C（个人对个人）与 B2C（商家对个人）的网络平台搭建与服务。

在发展的几年里面，易趣网为国人普及了大量 C2C、B2C 的知识，民众通过易趣网了解了很多新鲜的概念，国人在网上进行拍卖购物和网上开店的乐趣通过易趣网得到了很大提升。

易趣网在发展之初的本意是作为一个二手商品的网上交易平台来定义的，随着易趣网的不断发展，全新商品在易趣网上出售的数量已经远远超过了二手商品的数量，这对于易趣网来说是比较意外的。

因为易趣网有一个十分宽松的经营环境，所有的人都能够注册账号，登录之后就能进行商品的销售，中国首批真正靠网上开店来赚钱的网民就是通过这种宽松的政策培养起来的。

易趣网于 2001 年 7 月起就宣布网站要开始对卖家登录商品收取登录费，也就是说在易趣网上注册的电商如果想要登录商品，就要缴纳一定的费用，具体缴纳的多少以出售商品定价的百分比来计算。

易趣网与全球最大的拍卖网站 eBay 于 2002 年 3 月携手合作，同时获得 3000 万美元的注资，双方结成了战略合作伙伴关系。eBay 于 2003 年 6 月向易趣网追加了 1.5 亿美元的投资。易趣网于 2004 年 6 月宣布网站进入整合期，同时宣布与 eBay 将会在当年秋天实行平台对接，这就标志着 eBay 已经正式收购了易趣网。如今的易趣网已经改名为“eBay 易趣”，当然，还是有很多人习惯上将其称为“易趣网”。

因为易趣网采用的经营模式是美国 eBay 模式，所以普通个人用户想要在易趣网上开设账户，基本上都要付费，算起来将会是一笔不小的数目，如注册网上商店要付费，物品登录要付费，为商品设置底价要付费，商品交易要付服务费，为商品做图片的橱窗展示也要付费，为商品做粗体字推广也要收取字体加粗费用，等等。由于没有根据具体的市场行情进行分析，易趣网的这些收费行为最终导致了有些店主因为无法忍受而退出，这也可以看作易趣网在电子商务市场上所做的一次收费的尝试，但是这次尝试也付出了一定的代价。随着时间的推移和市场的变化，易趣网在 2008 年 5 月 5 日宣布从即日起，将会对电子商务网站的用户采取终身免收包括高级店铺和超级店铺在内的店铺费，关于商品登录费、店铺使用费等传统项目收费也会相应取消。从此之后，只要在易趣网上登录开设账户都将享受终身免费的服务。

3. 当当网

当当网网址为 http：//www. dangdang. com/，其首页如图 1-24 所示。

图 1-24　当当网首页

全球最大的综合性中文网上购物商城当当网由国内著名出版机构科文公司、亚洲创业投资基金（原名软银中国创业基金）、卢森堡剑桥集团、美国老虎基金、美国 IDG 集团共同投资成立。

当当网于 1999 年 11 月正式开通。当当网自成立之后每年均保持 100%的高速发展，2009 年增速已经高达 120%。在当当网的在线销售商品中，有家居百货、图书、音像产品、数码产品、家电、化妆品、服装及母婴用品等几十个大类，有超过百万种商品，在库图书已超过 90 万种。目前，当当网新增的注册用户每年都会有近千万，遍布全国的 32 个省、自治区及直辖市。2015 年当当网纸质图书销售近 5 亿册，电子书下载量达亿册。

目前，网店的商户在当当网平台入驻，需交固定入驻保证金、年费、扣点等，只有有十成的把握之后，才会选择在当当网上进行注册开户。因此，在经营网店的时候一定要谨慎选择经营平台。

二、交易平台的注册

如果想在网上开店，在对各大网站的交易平台有所了解之后，可以先做一位购物者，对交易平台上的交易过程进行深度体验。要想在网上进行购物，首先要做的就是在这个交易平台上进行注册，成为该网上交易平台的用户，同时还要将“电子钱包”申请下来。在交易平台上进行注册，就是将自己的“身份信息”保留在该网络交易平台上。同时这些信息还可以与“电子钱包”相互对应，另外，在交易结束之后，对于卖家的表现，买家还要给予一定的评级，作为其他买家的参考标准，这种信用评级是需要确定身份的。

1. 注册淘宝用户

先来介绍如何在淘宝网上进行用户注册。

首先，在淘宝网主页的上部或登录页面上找到一个“免费注册”的链接，单击进入，如图 1-25 所示。

图 1-25 淘宝网登录页面

在之后打开的页面中选择通过手机或电子邮箱来注册账户。

（1）使用手机号码注册

“手机号码注册”是第一种选择方法，单击链接后就会出现一个界面，如图 1-26 所示，在这个页面里面将具体信息填好，之后进行如下操作：

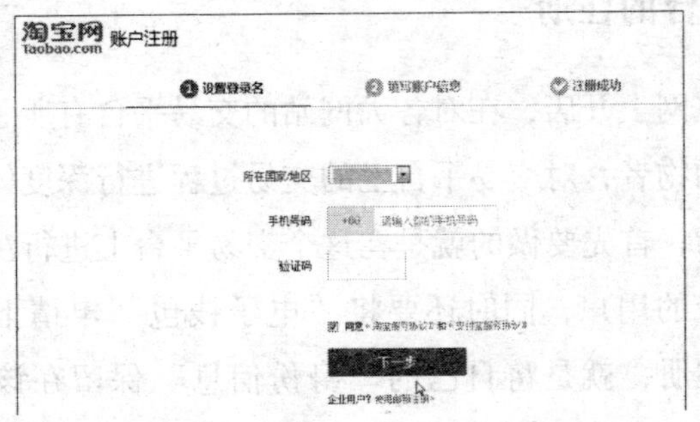

图 1-26　手机注册页面

①输入注册信息。将起好的名字填写在“会员名”一栏中，完成后在“同意以下协议并进入下一步”的下方找到“同意”按钮，单击。注意在手机号码下面勾选“自动创建支付宝账号”，这样“电子钱包”也就实现了同时注册。

②接收确认短信并填写验证信息。片刻之后，如果在输入信息的时候输入的是自己的手机号码，手机上将会收到一条短信，内容为“您于 20××年×月×日申请了手机号码注册，验证码是 xxxxxx”电脑显示如图 1-27 所示的页面。这时候将手机上的验证码输入到指定的框中，单击“下一步”即可。

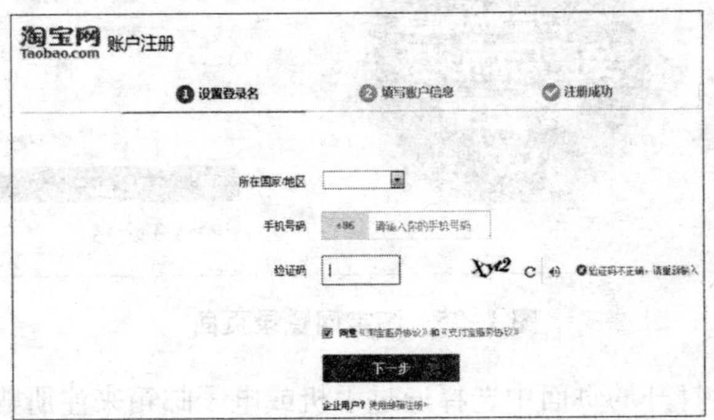

图 1-27　手机验证码输入页面

③输入密码和电子邮箱地址。之所以将电子邮箱输入到里面，主要就是为了将来接收有关的交易信息。如果没有邮箱，可及时进行申

请。之后单击“下一步”，设置密码及邮件地址这一项就会出现，如图 1-28 所示。

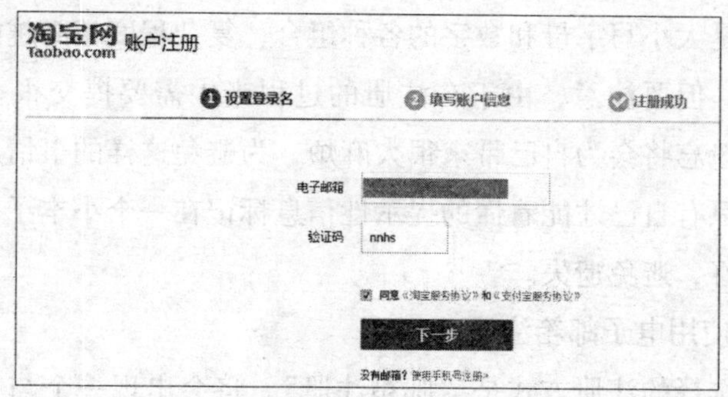

图 1-28　输入密码和电子邮箱地址的页面

④查看注册成功信息。当电脑屏幕上出现注册成功的页面时，就表明淘宝网上的账户已经注册成功，如图 1-29 所示。下次就可以通过刚才使用的手机号和用户名来直接登录了。

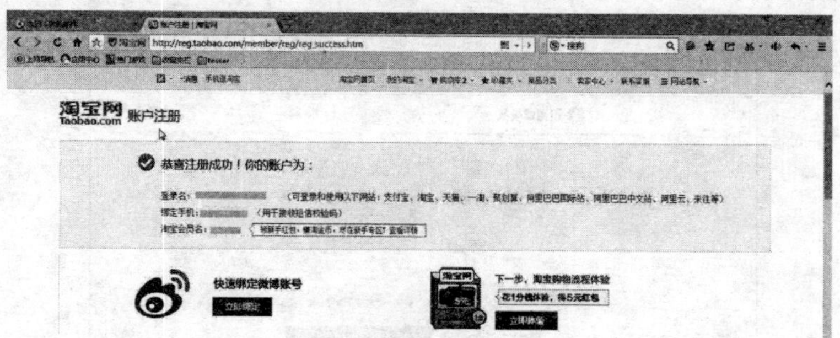

图 1-29　成功注册淘宝的提示页面

值得注意的是，如果在进行注册的时候，用户的手机并没有收到相关的验证码，就要对之前输入的信息进行检查，查看自己的手机号码是否输入正确，如果没有问题还可以单击“重新发送手机验证码”进行再次尝试。如果依然没有办法收到相关的验证码，就可以通过电子邮箱进行注册或更换其他手机号。

在现代社会中，会有很多地方需要填写注册信息，通常都是用户名（会员名）和密码两项，有时候还会回答一些特殊的问题。设定用户名的时候，可以由多种符号组成，包括字母、数字、文字以及一些特殊符号等，但反动或不健康的内容是不允许出现的。设定密码的时候通常是大小写字母和数字的各种组合，复杂程度越高越能保证账户的安全。但要注意，由于在注册的过程当中需要提交很多注册信息，一旦遗忘将会为自己带来很大麻烦，为避免这样的事情发生，可以将一些只有自己才能看懂的提示性信息标记在一个小本子上，同时还要保存好，避免遗失。

（2）使用电子邮箱注册

如果选择的注册方式是“邮箱注册”，将会出现一个与手机注册相似的页面，如图 1-30 所示，只要将相应的信息输入到里面即可。之后的操作与通过手机注册是基本一致的。但这里还需要对电子邮件的地址进行确认，因为它被作为了识别信息，只有经过验证之后，才能注册成功。

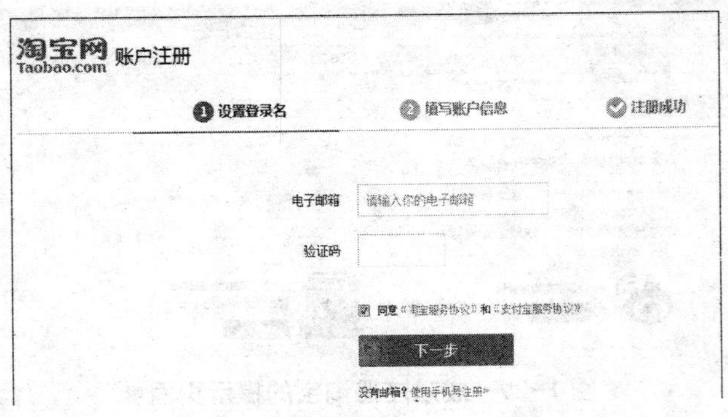

图 1-30 使用电子邮箱注册的填写信息页面

邮箱并没有具体要求，只要是邮箱就可以进行注册。不论是自己的 QQ 邮箱还是已知的其他邮箱，都可以进行账户的注册。在这里就不对邮箱的设置进行详细介绍了。

2. 注册易趣用户

通过电子邮件方式注册淘宝用户与在易趣网上进行注册的方式基本一致。

①进入易趣网的主页，单击“免费注册”按钮，之后出现的页面中主要是填写个人信息，如图 1-31 所示。

易趣 eachnet.com
注册 | 我的易趣 | 自助代购 | 社区 | 帮助
您好 [登录] [注册] 输入物品关键字
注册第一步
现在填写您的注册信息
您的账户信息
用户名 * 5-20个字符(可使用小写字母、数字、下划线、中文字)。一旦注册成功用户名不能修改。如何选取用户名
查看用户名是否可用 您是原易趣注册用户？请激活您的账户。
密码 * 至少6个字符 查看提示
再输一遍密码 *
电子邮件 * 您需要通过接收邮件才能完成注册，为了顺利进行邮箱验证，建议您选择163、yahoo、sohu等邮箱。
范例：myname@tom.com
再输一遍电子邮件 *
性别 男 女
城市 * 省：----请选择省份---- 市：
验证码 * 请输入左侧验证码。看不清楚？换个验证码
我接受易趣用户协议及其相关的条款和条件，并承诺如下：
在易趣注册必须为年满18周岁的成年人。我在此声明我是个成年人，可以签署用户协议。
点击以下"继续"按钮，即表示我已阅读并接受用户协议。

图 1-31 易趣用户注册信息填写页面

②填写完毕之后，单击“我已阅读并接受上述条款，继续”，之后登录自己的邮箱进行查看。如果是 QQ 邮箱，会出现如图 1-32 所示的页面。

图 1-32 易趣用户注册确认页面

③打开邮件之后确认，就会出现“易趣网—确认注册成功”，如图 1-33 所示。

④单击之后，对“激活您的易趣用户资格”进行单击，就完成了注册过程。在注册易趣的同时，“安付通”电子钱包也已经得到了注册。

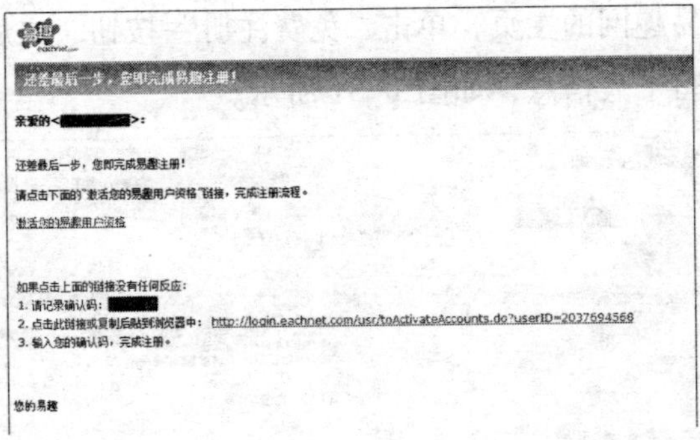

图 1-33　易趣用户注册确认激活邮件内容

第四节　网店的经营方式和心态

一、网店的经营方式

在网上开店的人主要有以下 3 种经营形式：兼职经营、全职经营、网店与实体店相结合经营。没有固定的经营模式，要根据自己的具体情况来确定相应的经营模式。下面具体介绍这三种经营方式。

1. 兼职经营

如果你现在的工作有较多的空闲时间，那么就可以利用这些空闲时间兼职开一个网店；如果工作的时间大多是在网络上进行，利用自己的网络优势也可以进行网上开店；如果你本身是热衷于购物，对商品消费有一定的心得体会，就可以利用自己在商品方面的审美优势开网店；如果出国机会较多，可以将国内不常见的商品带回来，那么就可以充分利用你的资源优势，开网店将它们全部展示出来，那一定会收到很好的销售效果，取得良好效益，很有可能会使你的生活也得到改变；如果现在你已经是一家实体店的店主，就可以利用自己货源的优势，通过网上开店将销路拓宽。

案例 1

小张是一个旅游爱好者，所以会经常到世界各地去游玩，将很多异国他乡的特色纪念品带回到家中。时间一长，家中积累了很多这样的纪念物品，虽然这些东西在别人的眼中都是十分少见的，但是对小张来说这些东西已经渐渐成为了他的累赘：没有地方收藏，还不方便打扫，又舍不得将它们全都扔掉，为此小张很为难。

就在小张一筹莫展之际，一个朋友来到家中做客。刚进门就被小张收藏的来自世界各地的精美工艺品所吸引，因为过于喜爱，那位朋友出高价买了其中一件纪念品。

朋友的做法令小张很惊讶，原来这些东西对别人来说都是宝贝，它们拥有很高的价值。之后小张就开始留意商品出售的信息，深思熟虑之后，他决定开一家网店，兼职售卖这些从其他国家淘来的纪念品。

这些纪念品来自泰国、德国、中国香港等地，设计独特，创意十足，再加上小张开设的网店里纪念品种类繁多、价格也很合适、做工异常精细，一经推出就受到了很多网友的欢迎，这些东西每个月都带给小张不菲的收入。小张就是因为自己的爱好，使自己开设的网店拥有了独特的优势。

在经营网店的过程当中，小张可以说是一举多得，既处理了家中过多的纪念品，又获得了额外收入，同时又收获了好心情以及结交了很多朋友。虽然经营网店让小张忙得不可开交，但小张乐此不疲。

案例 2

小江是某校的在读大学生，有很多课余时间，她对网络十分熟悉，所以开网店对她来说十分容易。现在的小江除了上课时间认真学习之外，就是利用课余时间经营网店。进货渠道对她来说也很容易，因为她经营的商品是旧书，而自己以及同学们有很多这样的旧书。

之所以会对旧书进行网上销售，是因为小江发现大学课本的内容基本不变，市场上销售的教辅书也变化不大，但新书价格高昂，旧书根本没有保存价值，很多同学学完之后就会将书本丢掉，学弟学妹们却还要以高昂的价格去买新书，感觉很可惜。于是小江就将同学们的旧书集中起来，进行网上销售，没想到生意很好。这样的事情一举多得，小江既得到了一定的资金报酬，也充分利用了旧书资源。

感受到开设网店的乐趣之后，小江开始想要将自己的网店扩大，既经营旧图书，也经营新图书甚至世界各国最新版本的图书，让更多人喜欢自己的图书网店。随着经营规模的加大，小江的工作自然也就解决了。

2. 全职经营

如果你想创业但是又没有足够的资金；如果你厌倦了为黑心老板打工；如果你没有找到合适的工作；如果你不想整天起早贪黑工作……全职开网店将会是一个不错的选择。

全职开网店同样也可以成为一项终身事业。电子商务已经越来越广泛，越来越多的人将开网店作为自己的创业起点，很多朋友就是因为开设网店发家致富，最终将房子和汽车都挣到了。

电子商务协会在阿里巴巴公司举办的首届中国网商节上第一次公布了针对中国网商的调查数据。数据显示，在网上开店的个人，年龄主要为 25~35 岁，在这些人里面有 1/3 的人愿意放弃自己原来的工作，进行全职开店。

据统计，工作辛苦除外，现在全职开网店的人都拥有比较高的收入，如果经营情况良好，月收入过万元是很容易的一件事情，还有些网店因为经营情况好，还发展起了加盟店，开始创立自己的经营品牌。换句话说，人们之所以会选择全职经营网店，主要原因就是可以通过这份工作获得较高的收入。

案例3

小樱是北京一家网店的专门经营者，之前是一位让人倍感羡慕的公务员，可每天的工作都是一成不变。小樱天生就不是一个能闲得住的人。在经过一番思想斗争之后，她毅然选择辞去原来职务，开始创业。

最开始小樱想开一家实体店，但很快就失败了，不仅没有赚回本钱，还有大量库存。小樱只好选择在网上开店。由于省去了租店铺、仓库等诸多费用，商品售价就便宜了很多，商品物美价廉，自然很受消费者的欢迎。

没过多长时间，小樱就将所有的投资赚了回来。如今，小樱的事业已经成功发展成了10多家网上加盟店以及5家实体加盟店，如今的小樱已经开始创立自己的品牌。

案例4

陈先生也是一名北京的全职网店经营者。他认为通过网店获得的收益要比在原来单位获得的多很多。现在陈先生不仅拥有自己的网上礼品店，同时利用经营网店的收益，开设了一家实体商店。

陈先生说，他现在获得的收益已经达到了中产阶级以上的水平，同时经营的实体店中还有10多个员工，所以陈先生认为经营网店是一项值得投资的事情。

他还认为经营网店没有早晚，随时都可以，一定要抓住时机。

案例5

上海的小敏，开网店的时间只有4个月，就已经得到很不错的收益。小敏的巧克力DIY是在2月份的时候开始经营的，因为情人节，该店的巧克力生意十分红火。

情人节过去之后，巧克力销售进入淡季，但小敏的网店依然有每月2万元以上的营业额。如今小敏已对全职经营网店的状况十分适应，每天都忙得不可开交，收益自然也很好。

3. 网店与实体店相结合经营

有一些商品生产厂家和实体店，为了推广自己的产品，使更多消费者能够对自己的商品有所了解，通常都会开一家网店，用来展示并销售自己的商品。这种网上网下相结合的方法，将公司的知名度扩大了，销售商品的同时为其带来了意想不到的收益。由于网店的货源是直接供货，所以在价位、销售的技巧方面都占有明显的优势，也就更容易获得消费者的青睐与信任，因为这种网店经营者有自己的网下实体店铺，网店销售情况的好坏，他们并不是很在意。

案例 6

媛媛就是一个将实体店与网店进行成功结合经营的典型代表。媛媛经营着一家小店——异国家居，这家小店别具一格，经营状况也比较良好，由于店内的布置十分有特点，很多人都会进去观赏购物。

媛媛的店里经营着众多的商品，这些商品来自世界各地，包括泰国、韩国、德国等地。媛媛知道，来自泰国、德国的文具和小摆设比较受年轻人的偏爱，而韩国和德国的精美生活用品比较受年纪较大的人的青睐。

因为店中的商品无论大小都设计得实用又可爱，拥有很强的吸引力，所以几乎所有进店的人都会选购一两件商品，这就使得该店的商品销售得十分火爆。

媛媛喜欢到世界各地旅游，在旅行的过程当中，媛媛都会将当地的大量特色工艺品选购回来。她认为这些日用品其实都是工艺品，不仅拥有独特的造型，还有一定的使用价值以及极其精细的做工。

在经营的时候，媛媛也很用心。所以她在出售商品的时候，总会将客户资料详细记录下来，并定期为他们寄送贺卡。媛媛的商店虽然有很好的收益，但她并不满足，她想要通过网店将自己的商品推广出去，使两者能够结合经营。她认为，网店经营已然成为未来经营发展的趋势，同时她自己的商品也非常适合网上经营，如果进行网上销售一定会取得更好的收益。

因此，在实体店开业后不久，媛媛就委托一家专门制作网页的公司，让其为自己设计制作了精美的网店页面。果然，媛媛的网店开业不久，就收到了几单大宗团购订单，网上经营日渐红火。

看到不管是实体店还是网店的经营效果都比较理想，媛媛说："其实这种经营销售方式已经发展很长时间了，无论是国内还是国外，只是因为成本较高，所以销售的价格也相对较高。但因为人们的生活水平在不断提高，所以那些价格较高的商品已经逐渐被消费者所接受。因此，只要商品有特点，能够将消费者的目光吸引过来，就一定会有比较不错的收益。"

二、网店经营应保持的心态

由于开网店拥有比较光明的前途，市场也很大，所以有很多人加入其中，再加上在网上开店的要求不高，所以店家之间的竞争十分激烈。但是，并不是所有的人在开设网店的时候都能挣到钱。

虽然在网上开店不需要很多的资金投入，但却要求经营者要有很强的心理素质。

1. 不着急，不生气

首先，在经营网店的时候要做到心平气和、不着急、不生气。

由于网络经济日益高涨，网络上大大小小的店铺已经不计其数，如果开设的网店没有自己的特色，将会湮没在消费者的视线当中。所以，有很多网店经营者在开张一两个月内卖不出去一样东西，任何一个想要开网店的人都要有这样的心理准备。

与实体店一样，网店开设初期肯定会遭遇一些波折，卖不出去东西是一件很常见的事情。

在网店注册好之后，将自己的商品发布到上面却乏人问津；买家明明已经将商品拍下，但是却始终不肯成交；由于买家的恶意欺骗而亏钱；买家没完没了地讨价还价，很长一段时间之后居然没有成交……这些问题在经营网店的时候会经常遇到，所以网店的经营者要做到沉着冷静，不急不躁。

案例 1

霏霏十分爱美，对服装搭配有自己的想法，因为她有几个朋友已经开设了服装实体店，所以她的货源十分丰富，很方便就能拿到物美价廉的服装。于是霏霏就在网上经营了一家网店，专门销售服装，并得到了不错的效益。

虽然小店的效益很好，但霏霏经常会说："买家的流动性很大，赚了就大吃一顿，如果没有买家光顾，也会心平气和，就当成是自己的消遣。开网店主要是为了丰富自己的生活和钱袋，并不是徒增烦恼"。

正因霏霏的这种好心态，使她对每一位买家都很有耐心，耐心对待没完没了的砍价以及无数次的商品调换……最终因为霏霏的良好经营态度，为她赢得了很多人气，不论买家有多挑剔，都能买到合适商品。

2. 有耐心，能经得住考验

要学会淡然处之，如果因为第一个月没成交，就垂头丧气，那将会对经营产生很不利的影响。

经营网店要学会宠辱不惊。如果没有天时地利人和，很难在开店第一天就火爆起来。

案例 2

在小雨的网上特色口罩店开业不到一个月的时间，正好赶上了"非典"的暴发，基于这样的社会大背景，小雨的口罩生意极其火爆，每天都有很多人购买。直到"非典"结束，小雨依靠销售口罩已经赚了几万元。可是这样的生意并不会天天发生，所以在经营的过程当中，如何保持一颗平常心，将会是十分重要的事情。

做生意是个过程，是一件任重而道远的事情，急于求成，终将不会成功。所以不管经营情况如何，都要坚守网店的信念。只有真诚待人，真诚做事，才能获得最终的成功。只有保持良好的心态，才能冷静而正确地面对经营中出现的各种情况。

案例 3

由于非常喜欢各种玩具礼品，所以生性活泼的悦悦准备在网上开设玩具礼品店，在 2006 年 11 月的时候她的玩具礼品店注册成功。饱含创业激情的悦悦期待着广大网友能认同自己的商品，但是开店已经有一个月了，没有一个买家同她进行交易，面对这样的情况，悦悦感到很难过，但是她始终相信只要产品款式多、价格低、做工好，一定会有买家来她的店中购买商品。

于是在期盼中的悦悦不断丰富着自己店中的商品。很快元旦就到了，很多人都想要为自己的亲朋好友购买礼物，终于有一位买家相中了悦悦店里的商品。虽然没有多少钱，可悦悦还是很高兴，她认为只要将质量搞上去，小店的生意一定能好起来。

紧接着就是春节的到来，悦悦网店的生意已经越来越好，甚至接到了很多团购的大单，甚至有两位顾客订走了几万元的礼品。悦悦认为在保证产品质量的同时还要保证服务质量，所以她热心对待每一位买家。只用了几个月的时间，心态良好的悦悦就赚了很大一笔。

开网店要经得起时间的考验，“心急吃不了热豆腐”，只要产品的质量有保证，就一定会有买家。只有保持良好的心态，才能在其中获得收益。

3. 面对困境要坚持

网店是一个很大的销售市场，当然，并不是说盲目开网店就都可以赚钱，要有一定的针对性。在网上开店就如同在不知名的街道开实体店一样，需要有一个过程，从最初的无人光顾，到之后的顾客盈门。只有不断推陈出新、对自己的商品进行宣传，才能扩大知名度、聚集人气、培养自己的消费群体，之后才能步入经营的正轨。

几乎所有的网店经营者都经历过网店经营初期的艰难，之所以获得成功，取决于他们的良好心态以及对这份工作的坚持，只有坚持不懈才能使自己的网店收到应有的效益。

案例 4

小梅和小丽两人情同手足，她们都喜欢逛批发市场。两人几年前突发奇想，想要开一家专门卖丝巾的网店，每人出资 300 元。网店开设之初，两个人都充满了豪情壮志，可是现实是残酷的，3 个月过去了，几乎没有人光顾她们的生意。

看着手中的存货，姐妹俩垂头丧气，这时候的小梅就想要放弃，于是就说："咱们将丝巾分了之后自己用吧，这样，网店可以关门了。"但是小丽并不同意，她认为应该改变一下自己的经营模式，进一些新颖的丝巾来吸引顾客，同时还要在销售方面多做功课，想办法将丝巾的销路打开，两人之间有了严重的分歧。最后，小梅准备离开，小丽将之前小梅的投资还给了她，自己单独经营这个小店。之后小丽将精力花费在选购新货上面。功夫不负有心人，经过小丽的努力之后，这个网店终于受到了买家的青睐，逐渐进入了销售旺季。

小丽不仅选择了继续经营，为了打开销路，她还不断创新，寻找突破，其他店铺的成功之道她尤其注意学习，不断完善自己的经营理念，逐渐形成了自己的经营特色。经过几年的发展之后，小丽的店已经不再是为了销路发愁犯难的小店，已经发展成了拥有两家加盟商的大店，小丽的创业终于成功了。

网店经营者要想经营成功，就要有不惧困难和挫折的勇气，要坚持自己的目标并为之奋斗，只要坚持并不断学习、开拓就一定能成功。

4. 虚心向优秀者学习

在开设网店的时候还要学会虚心求教，要知道"三人行必有我师”，这一点在经营网店的时候非常重要。向有经验的店主虚心求教，可以少走很多弯路。

开店前要学习如何开店，开店后要学习怎样经营。学习分为很多种，网络课堂、书本都可以成为学习途径，有经验的网店店主以及实体店店主同样也可以成为求教的对象。

网店的经营过程就是一个学习的过程：从学习选择店址、选择邮箱，到选择数码相机，再到学习拍摄图片和对图片进行处理，之后还要学习选货方法以及网店的经营方法等。

案例 5

小然开着一家网店，主要经营服装，经营业绩还是很好的。一次偶然的机会，小然发现朋友在进货的时候总是会向卖家咨询服装适宜搭配的饰品，他大受启发，于是就向别人咨询这方面的问题。

回到家中，小然将自己店中的每一件服装都进行了适宜搭配的饰品介绍，同时推出了购买衣服赠送饰品的活动，一下子就增加了很多顾客。很简单的小饰品就为小然的网店创造了很高的效益。

5. 把开网店当成乐趣

还有很多人开网店并不是为了获利，只是为了获得一种乐趣，通常是出于自己的兴趣爱好。

案例 6

肖某是一个生活十分富足的人，他有两家大公司，住着别墅，开着名车。但是他却感到生活十分无聊，于是在闲暇时候，就开了一家网店。“无心插柳柳成荫”，短短时间内，他就已升级为钻石级别，这充分说明他的网店生意十分红火。

但是他说自己在网上买的东西比卖出去的多很多。他销售的商品都只是些不赚钱的电子书之类，他开网店就只是因为喜欢，想要通过这个平台多交朋友、获得好评而已。

事实上，像肖某这样的人还有很多，他们的目的本来就不是赚钱，只是想要体验一下网店老板的乐趣。他们通常不在乎能赚多少钱，主要就是赚人气，颇有大家风范。

案例 7

小周酷爱集邮，于是就在网上开了一个邮票坊，光临邮票坊的人都会和他成为很好的朋友。小周的邮票坊并不售卖邮票，大家在上面只是切磋集邮心得，互相之间可以交换邮票，或者帮助朋友收集难得的邮票。

只用了两年的时间，小周就认识了很多集邮界的前辈，并从中获得很多知识，并且帮助别人搜集到很多邮票，别人也对他有诸多帮助。这样的生活让小周感到很快乐。

第二章 网店的建立流程

第一节 开网店的基本流程

在现实的生活中，网络不再是一个只限于解决问题的工具，而是一个精彩缤纷的世界。它已融入到人们的生活当中，成为日常生活中不可或缺的一部分。所以，在网上开店已经成为一件十分流行的事情。要想开网店就要根据不同的人和事而确定不同的经营方向，只有这样才能保证经营的成功。

开网店只需要很少的资金，但是需要花费很多的精力来经营。开网店同样也是创业的一种方式，要想创业成功就要进行详细规划与准备。

1. 开店前的规划

开网店前首先要进行市场调查，只有确定当前市场的需要，才能确定自己要经营一家怎样的网店，并经营最有市场竞争力的商品。这是开设网店前必须做的一件事情，只有经营顾客需要的商品，才会拥有源源不断的顾客。之后还要进行相应的准备工作以及配置相应的硬件与软件设施。

2. 选择开店平台

一旦选择正确也就意味着成功了一半，选择一家合适的电子商务交易平台并注册为该网站的用户也是一件极其重要的事情。在选择交易平台的时候，要考虑网站的人气、收费等，这些问题同样会影响经营效果。

3. 申请开设店铺

身份验证之后，就可以开设自己的网店，之后向网站申请开设店铺，在申请的时候，卖家需要将自己店铺所经营的商品种类进行详细填写，同时还要对经营的商品进行分类，并划分到相应的商品分类中，这样做主要是便于买家搜索与查找。拥有一个独特的店名同样也会吸引顾客的眼光，进而增加买家对店铺的浏览量。最重要的一点是一定要如实填写网店的个人资料。

4. 进货渠道

为了体现网店的灵活性，经营者要根据需要随时扩大经营的范围，这样做主要是因为网店没有烦琐的买卖步骤。最重要的一步就是寻找价廉物美的货源，以下是几个主要的寻找货源的渠道。

（1）从批发市场进货

如果网店的经营者主要是销售服装类，那么最普遍的一种进货渠道就是从批发市场进货。通常，从批发市场进货要有很强的讨价还价的能力，将价钱压到最低，才能获得较高的利润，同时与批发商之间的关系还要和睦良好。在进货前一定要和批发商达成共识，这样就避免了日后因调换货物而与批发商发生争执。选择批发市场通常有以下几个特点。

①可以自主决定进货时间和数量。

②便于挑选，品种繁多、数量充足。

③价格低廉，便于薄利多销。

(2) 从厂家直接进货

要想节省开支，一个常见的渠道就是直接从厂家进货，但是需要前期有大量的资金投入，一次进货的数量要足够多，这样会使经营风险增大。所以如果经营者有相关方面的门路，可以采用这种进货方式，如果没有，在进货之前就要进行深思熟虑。

(3) 关注外贸产品或 OEM 产品

外贸或 OEM（原始设备制造商）产品与其他商品相比，有着先天优势，产品质量优良、款式新颖、面料舒适、价格合理，所以深受广大网民的喜爱，如果网店销售这些商品，将会有不错的收益。

外贸产品或 OEM 产品主要是许多工厂在外贸订单之外的剩余产品，或者一些知名品牌贴牌生产后处理的一些剩余产品，这些产品的价格通常十分低廉，与品牌真货的质量一致，而价格只是专卖店的 2~4 折，所以也是很不错的进货来源。

对目前市场上的外贸货品进行分类，可将其分为原单货、跟单货、追单货和仿单货 4 种。

①原单货：是真正意义上的外贸尾单，也叫余单。通常可将其分为两类，一类是真正的“真货”，主要是因为其不在原定计划内或者是多出来的一部分，此类商品通常数量有限；另外一类“原单货”是被品牌商拒收的一些商品，与质量无关，只是因为颜色不符合外商的要求，但这类商品的质量还是可以保证的。通常这类商品拥有较高的质量和适中的价格。

②跟单货：使用“原版”的主料搭配厂家自己找的辅料制作出原来的版型就是跟单货。通常在细节处理上较为马虎，但其版型和主料与“真货”是一样的，所以产品的质量和效果应该不错，同样也可以作为进货来源。

③追单货：厂家采购与原版类似的原料，利用原版的版型生产的产品就是追单货。这类产品因为成本较低，所以相应价格也较低。

④仿单货：这四种类型中仿单货的质量最差，市场上经常会看到这样的产品，主要是仿照热销的外贸产品自行生产出来的一种商品，用料、版型以及做工都无法与真品相比。

（4）买入库存积压或清仓处理的产品

这种商品通常有很低的价格，经营者买下之后就可以在网上进行销售，利用时空或地域差价赚取丰厚的利润。这种优势是实体店所不具备的，是否了解市场行情将严重影响经营效益。

5. 录入商品信息

这个操作步骤就是将包括商品的名称、产地、性质、外观、数量、价格、交易方式、交易时限、邮寄方式等每件想要出售商品的文字信息、图片信息填写到网站上。

6. 营销推广

在开店初期，适当地进行营销推广可以提升店铺的人气。进行推广的渠道有很多，如免费广告、字体加粗、通过亲戚朋友、交换链接等方式都可以用来进行宣传推广，加入“淘宝直通车”也是一种推广宣传，经营者可根据自己的需要选择适合的推广方式。

7. 销售服务

服务态度同样会对销售额产生重大影响。顾客在购买商品之前，通常会对店铺与卖家的信息进行详细了解，所以这时候卖家的态度极为重要，及时并耐心地回复买家的问题将有利于交易的达成。

8. 交易

交易达成之后，双方会事先将付款方式协定好。为了方便付款，卖家应有多种付款方式供买家选择，网上开店常见的付款方式有网上支付、货到付款、手机支付、邮局汇款、银行汇款、见面交易等6种。

9. 评价或投诉

不论是卖家或买家都有相关的信用记录，信用度高的网店更容易受到消费者的青睐。所以交易完毕，买卖双方应该互相给予评价，这样才能营造出一个信用的氛围。在交易的过程当中，如果买卖双方都比较满意，就给对方好评，反之则可给中评或差评，同时还可以对该网店进行投诉。接到投诉之后的卖家，应尽快处理相关问题，避免对自己的信用度产生影响。

10. 售后服务

商品出售以后要与买家随时保持联系，做好售后服务工作，这同样是网店经营中很重要的一条。

第二节 网络店铺的创建

要想在网上开店，需要在网络交易平台上进行用户注册之后，继续完成身份认证的环节。虽然使用的交易平台不一样，但是卖家的认证要求基本相同，主要就是提供个人身份信息和可以完成货款提取的银行账户信息。例如："淘宝网""易趣网"在进行身份认证的环节中，只需要将必要的信息通过网页提交上去，并且在认证用户信息上将银行账户提交上去即可。

一、网络交易平台的认证

（一）淘宝网

在"淘宝网"认证店主的过程，其实也是认证"支付宝"的过程，主要分为四步。在"易趣网"上认证的过程与"淘宝网"的前三步是相似的，操作时可参考。

1. 选择地区和认证方式

首先，在“淘宝网”页面上部找到“我要卖”的链接，单击之后就会出现提示操作步骤的页面，单击“实名认证”，就可以选择地区和认证方式，“中国大陆用户”和“通过其他方式来进行实名认证”是比较常见的地区和认证方式，然后单击“立即认证”，如图 2-1 所示。

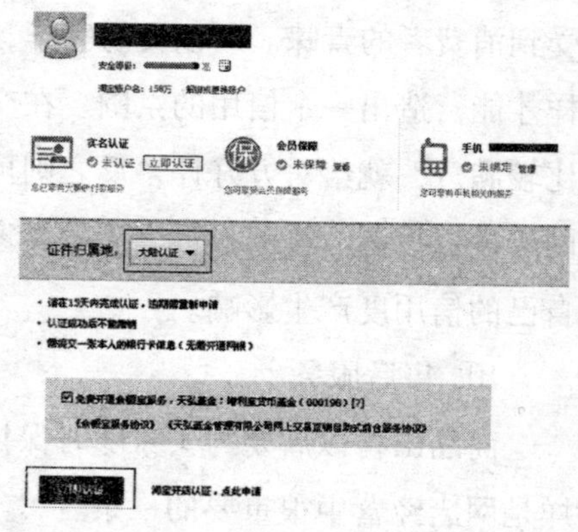

图 2-1　选择地区和认证方式

2. 提交身份、账户等信息

姓名和身份证号码输入页面如图 2-2 所示，将所需要的信息填入之后，进入图 2-3 所示的页面，这个页面需要进行详细身份和账户信息的填写。

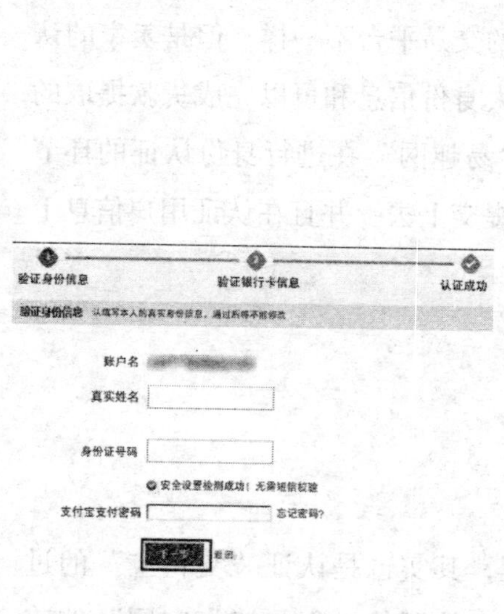

图 2-2　填写姓名和身份证号码

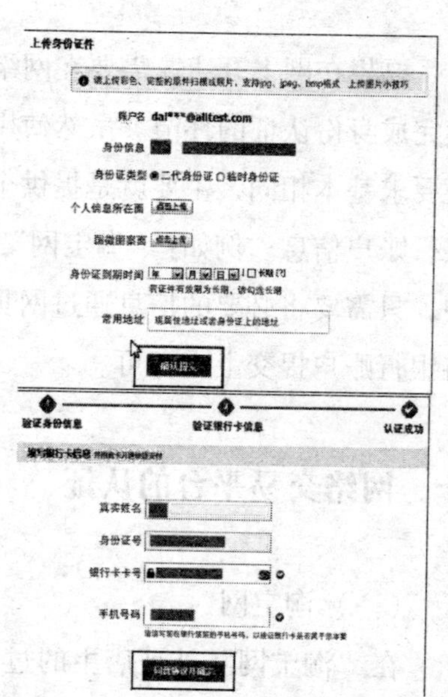

图 2-3　填写详细个人信息

将所有的信息填写完之后，就会出现信息的确认页面，如果所填信息正确，单击“确认提交”进行下一步。

3. 确认淘宝网汇款金额

在这一环节，“淘宝网”会给提交的账户中汇一个 1 元以下数字的金额，要在 1~2 个工作日之后进入网上银行查看这个数字，并回告“淘宝网”，这样就可以确认账户是真实存在的。

下面以中国工商银行为例来说明查询过程。

首先，登录自己的网上银行并单击“账户查询”，选择“余额明细”，如图 2-4 所示。然后，将时间范围设置为最近几天，单击“查询”，就会出现一个业务列表，在这里面找到业务资栏为“个人”的内容，将这个汇入金额记下来，如图 2-5 所示。

注册方式	币种	当前余额	可用余额	账户别名	操作
柜面添加					余额明细

图 2-4 进入中国工商银行网银查看汇入金额-1

交易日期	业务摘要	币种	钞/汇	收入金额	支出金额	余额
2014-02-27	卡存	人民币	钞	270.00		270.00
2014-02-28	ATMD	人民币	钞		100.00	170.00
2014-03-01	ATMD	人民币	钞		100.00	70.00
2014-03-07	卡存	人民币	钞	400.00		470.00
2014-03-07	ATMD	人民币	钞		300.00	170.00
2014-03-09	卡存	人民币	钞	140.00		310.00
2014-03-09	b2c	人民币	钞		53.00	257.00
2014-03-09	b2c	人民币	钞		34.00	223.00
2014-03-10	转帐	人民币	钞		220.00	3.00
2014-03-21	息	人民币	钞	0.06		3.06
2014-03-21	收费	人民币	钞		3.00	0.06

图 2-5 进入中国工商银行网银查看汇入金额-2

然后，重新登录“淘宝网”的网站，单击“我的淘宝”，找到“个人实名认证正在审核中”的提示，单击将页面打开。

然后，“淘宝网”会提示已经进入到“确认汇款金额”的环节，单击“输入汇款金额”，将之前记下来的金额输入到里面，单击确定，如图 2-6 所示。

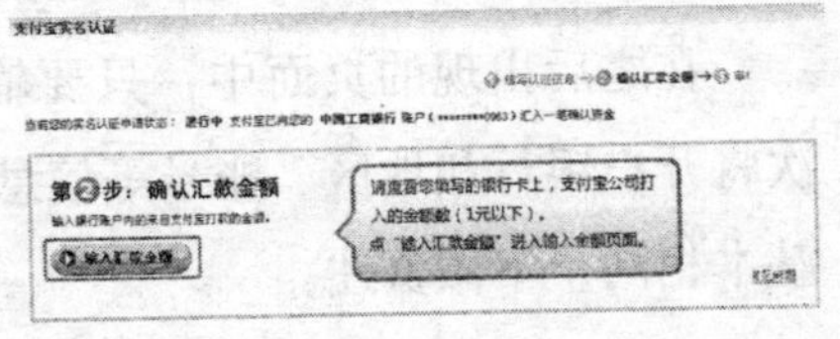

图 2-6 输入汇款金额

这样，支付宝实名认证就完成了，网站会出现通过认证的页面，如图 2-7 所示。

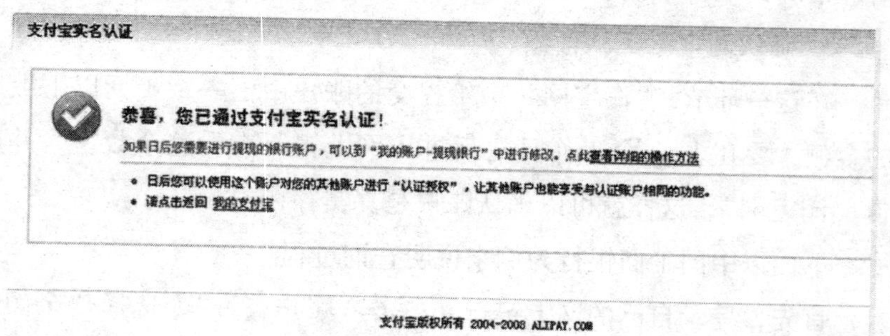

图 2-7　支付宝实名认证成功

值得注意的是，这里只是身份信息确认的一个环节，在进行实际"提现"时，还要进行一些其他设置。下面就来介绍进入最后一步应完成的操作。

4. 设置支付宝提现账号

登录"支付宝"之后，在页面上找到"提现"，单击，如图 2-8 所示，之后就会出现"设置银行账号"的链接。

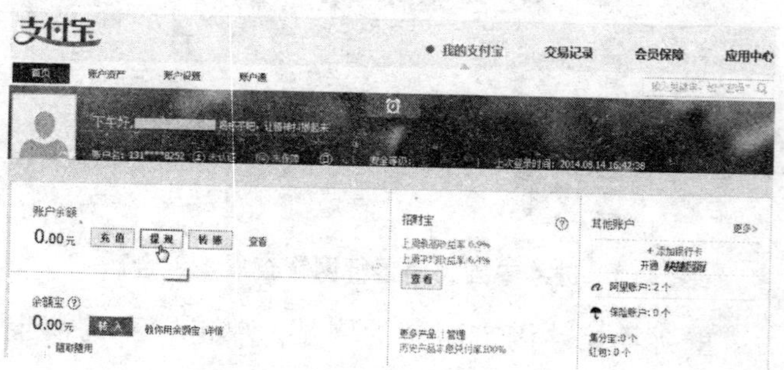

图 2-8　支付宝提现银行账号

在之后出现的页面中，只要输入"支付宝"的支付密码，并再次将开户银行和地区、账号等信息输入进去即可。这里的步骤与前面基本相同，不做赘述。

可以在日后修改提现银行账号，但在前面实名认证过程中为确认汇款金额而提交的账号信息是没有办法进行修改的。

（二）易趣网

1. 注册成为易趣会员

如果网店注册的平台是易趣网，在注册的时候主要有两个步骤，分别是“提交信息”和“激活用户名”。详细过程如下。

首先进入易趣的首页，在左上方找到“注册”链接，单击进入注册页面，如图 2-9 所示。

图 2-9 单击“注册”链接

进入注册页面后，首先要做的事情就是创建用户名和密码（带“＊”为必填项）。完成之后，单击“查看用户名是否可用”按钮，可以确认注册的用户名是否已经有人使用，如图 2-10 所示。

易趣 eachnet.com

注册 我的易趣 自助代购 社区 帮助

您好 [登录] [注册] 输入物品关键字 搜索

注册第一步 现在填写您的注册信息

您的账户信息

用户名 *	查看用户名是否可用　5-20个字符(可使用小写字母、数字、下划线、中文字)，一旦注册成功用户名不能修改。如何选取用户名 您是原易趣注册用户？请 激活您的账户。
密码 *	至少6个字符 查看提示
再输一遍密码 *	
电子邮件 *	您需要通过接收邮件才能完成注册，为了顺利进行邮箱验证，建议您选择163、yahoo、sohu等邮箱。 范例：myname@tom.com
再输一遍电子邮件 *	
性别	○男 ○女
城市 *	省：---请选择省份--- 市：
验证码 *	DNMB 请输入左侧验证码。看不清楚？换个验证码

我接受易趣用户协议及其相关的条款和条件，并承诺如下：
在易趣注册必须为年满18周岁的成年人。我在此声明我是个成年人，可以签署用户协议。
点击以下"继续"按钮，即表示我已阅读并接受用户协议。

☑ 同意订阅来自易趣的推广信息

我已阅读并接受上述条款，继续 >

图 2-10 创建用户名和密码

将一个常用的电子邮件地址（此邮箱必须从未用于易趣用户名的注册）输入到里面，主要用于以后的激活用户名，如图 2-11 所示。

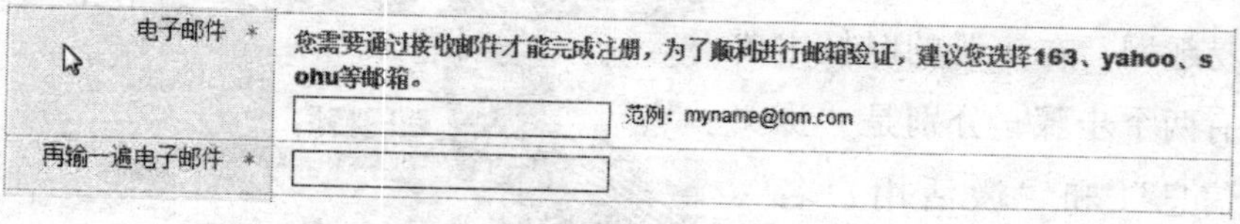

电子邮件 *
您需要通过接收邮件才能完成注册，为了顺利进行邮箱验证，建议您选择**163、yahoo、sohu**等邮箱。
范例：myname@tom.com
再输一遍电子邮件 *

图 2-11 输入邮箱

将验证码填入之后，就能进入，如果验证码无法看清，单击“看不清楚？换个验证码”，就会更换另一组验证码，如图 2-12 所示。

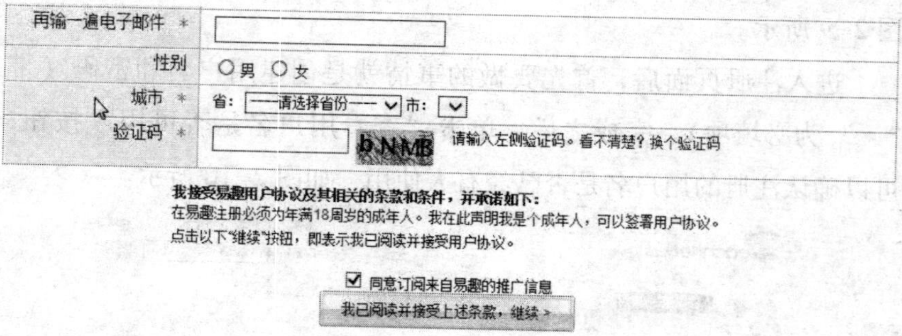

再输一遍电子邮件 *
性别 ○男 ○女
城市 * 省：——请选择省份—— 市：
验证码 * bNMB 请输入左侧验证码。看不清楚？换个验证码
我接受易趣用户协议及其相关的条款和条件，并承诺如下：
在易趣注册必须为年满18周岁的成年人。我在此声明我是个成年人，可以签署用户协议。
点击以下“继续”按钮，即表示我已阅读并接受用户协议。
☑ 同意订阅来自易趣的推广信息
我已阅读并接受上述条款，继续 >

图 2-12 输入验证码

单击“我已阅读并接受上述条款，继续”按钮，注册就完成了，如图 2-13 所示。

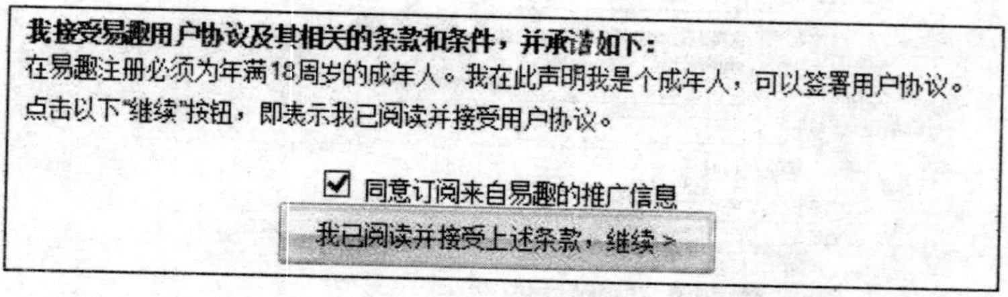

我接受易趣用户协议及其相关的条款和条件，并承诺如下：
在易趣注册必须为年满18周岁的成年人。我在此声明我是个成年人，可以签署用户协议。
点击以下“继续”按钮，即表示我已阅读并接受用户协议。
☑ 同意订阅来自易趣的推广信息
我已阅读并接受上述条款，继续 >

图 2-13 单击按钮，完成注册

之后出现的页面就会提示你刚才所填写的电子邮件信箱中已经收到了易趣发送的一封确认邮件，如图 2-14 所示。

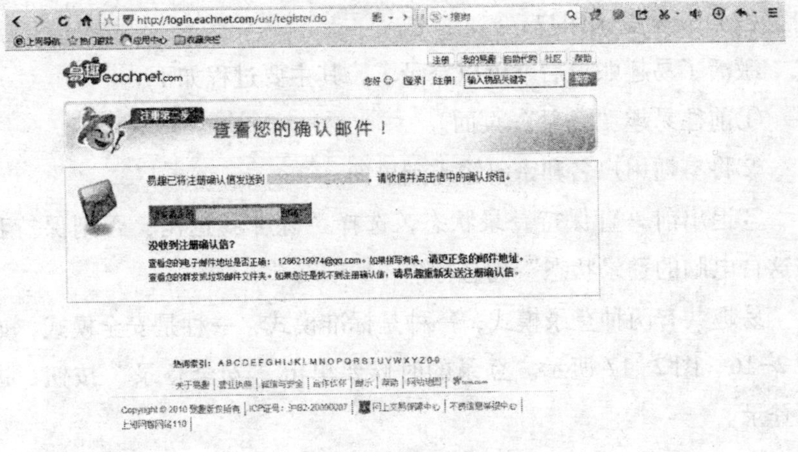

图 2-14 提示页面

这时候就要登录这个电子邮箱，确认收到信件之后，单击信件中的“激活您的用户资格”的按钮或链接，最后的注册就完成了。

2. 激活用户及安全登录

(1) 激活易趣用户名

完成注册后，就要对易趣用户名进行激活了，主要步骤如下。

①登录注册易趣时填写的邮箱。

②收取易趣发来的激活电子邮件，邮件标题应为“易趣网确认注册成功”。

③将这封邮件打开，单击“激活您的易趣用户资格”链接，已注册的用户名就激活了，如图 2-15 所示。

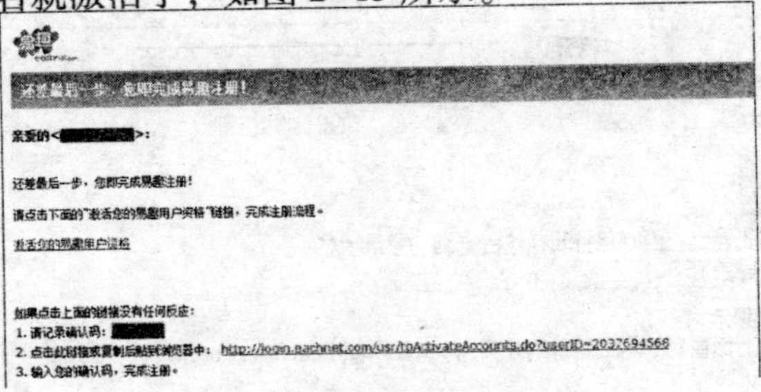

图 2-15 激活用户名

（2）安全登录账户

激活了易趣账户后就可以登录了，其主要过程如下。

①前往易趣“登录”页面。

②将易趣用户名和密码输入到里面。

③退出前一直保持登录状态，选择“除非我退出，否则保持我在这台电脑的登录状态”勾选框。

易趣共有两种登录模式，一种是标准模式，一种是安全模式，如图 2-16、图 2-17 所示。登录的时候要单击“安全登录”按钮，进行登录。

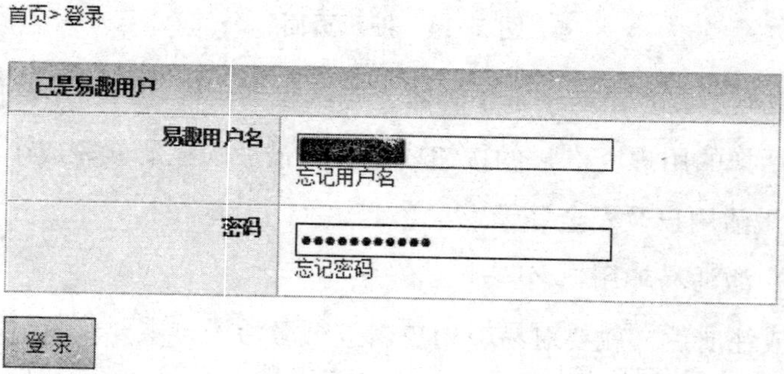

首页>登录

已是易趣用户

易趣用户名

忘记用户名

密码

忘记密码

登录

图 2-16　标准登录

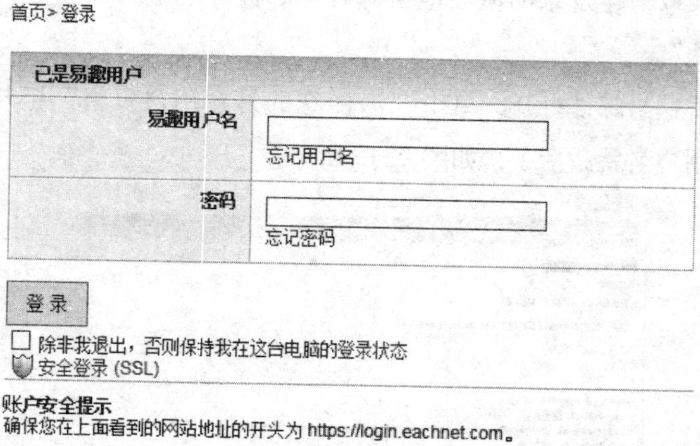

首页>登录

已是易趣用户

易趣用户名

忘记用户名

密码

忘记密码

登录

除非我退出，否则保持我在这台电脑的登录状态

安全登录 (SSL)

账户安全提示

确保您在上面看到的网站地址的开头为 https://login.eachnet.com。

图 2-17　安全登录

在登录时易趣有时会要求输入验证码，这样做主要是进行附加的安全检查。这种做法有助于易趣避免自动注册和对网站的不正当使用，保证了用户的安全。

3. 进行卖家认证

在易趣开店的一个重要环节就是卖家认证，同时这也是一个必须有的环节，因为通过这个环节之后易趣的在线交易才会向更诚信、更可靠的方向发展，也会提高买家对卖家的信任。关于易趣的卖家认证以及认证如何进行，以下将会进行详细介绍。

（1）卖家认证方式

如果想要在易趣网上进行购物，首先需要成为“注册用户”，之后才能进行出价或购买物品。如果想要在出售物品的时候不受限制，就一定要通过“卖家认证”，也就是银行实名认证。

银行实名认证也就是易趣的卖家认证方式，只要持有“中国工商银行”“招商银行”的借记卡即可立即完成认证，其特点见表2-1。

表2-1 卖家认证的特点

		银行实名认证
卖东西限制	数量限制	无限制
	售价限制	无限制
认证时间		即时完成，可获认证标记
是否可以开设店铺		可以
特点		交易信誉更高，卖东西不受物品数量和金额的限制；证实您的真实身份，您将被视为最值得信赖的交易伙伴

（2）如何进行银行实名认证

要想在网上进行银行实名认证，就要进行如下操作：进入易趣主页，登录“我的易趣”，在我的账户中单击“用户认证”按钮，之后就会进入银行实名认证页面，如图 2-18 所示。

图 2-18　单击“用户认证”进入

在填写个人信息（有“*”的栏目均为必填项）的时候一定要如实填写，之后单击“确认并提交”按钮，如图 2-19 所示。

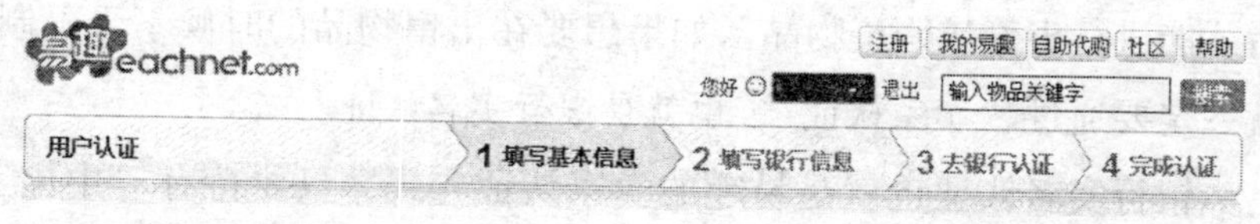

图 2-19　按提示填写信息

这时候，如果注册人的银行借记卡是中国工商银行的，填写完信息并确认提交后，页面将会自动跳转到中国工商银行页面。

在银行页面上也要如实填写自己的个人信息，单击“提交”按钮。

如果银行卡是招商银行的，进行上述操作之后页面就会跳转到招商银行页面。这时候就要首先确认同意招商银行的《快钱网代缴费电子协议》。

之后才会进入信息页面，并如实填写相关信息（有“*”的栏目均为必填项），单击“申请”按钮。

当银行账户核实并通过之后，证明已经完成了银行实名认证，这时候就可以进行商品的销售了。

4. 进行商家认证

其实也可以将商家认证看作是卖家认证的一部分，但是对商家用户认证将会更加严格。

（1）商家要想进行认证，需具备一定的资格

①在易趣银行要进行实名认证。

②商家要属于注册公司，同时还要有工商营业执照。

③申请商家要接受易趣或其指定代理公司对其资质和物品质量进行审核。

（2）如何申请商家认证

经过实名认证后，如果满足上述条件，就可以进行商家认证。

①单击“商家认证”按钮。

②相关信息（注意，所有信息均为必填项）一定要如实填写，之后确认提交。

③信息提交以后，是易趣审核的时间，只要等待就好。易趣或其指定代理公司在收到商家申请完整资料之日起，会在三个工作日内与商家进行联系，对商家资质和物品质量进行相关方面的审核。大约需要一周的审核周期。商家会在审核通过后三个工作日内获得商家认证资格。

二、成功申请到店铺

1. 淘宝网

在淘宝网上完成店主的真实身份认证，并与提现银行账号绑定之

后，就可以在上面免费申请开店了。

①登录淘宝网首页之后单击“我的淘宝”，再单击“我是卖家”一栏中的“免费开店”链接，单击打开。

②对店铺信息进行设置，包括店铺名称、经营商品类别以及文字介绍等。店名的设置是很有讲究的，在刚刚申请的时候，为了将自己经营的商品突出出来，可以取一个好记或者有特色的名字，也可以用商品种类进行定位。店铺名称并不是一成不变的，在信用级别不断提高的情况下，也可以将相应信息加入到店名中。

③勾选“同意并遵守”相应规则的选项，单击“确定”，店铺申请就成功了。这时候店主就可以看到自己店铺的地址了，通常由“shop”、一串数字和“taobao. com”构成。要想看到新店铺的模样，只要单击这个链接就可以了。

2. 易趣网

易趣网的店铺申请与淘宝网极为相似，可以淘宝网为参照。

第三节　网店“初长成”

一、网店的装修

在网上开店，除了商品要足够吸引人之外，还有一方面就是店铺的装修，它对经营的影响也是很大的。店铺如果装修得好，让买家感觉舒服，就会在这个店铺中逗留很长时间，对商品的销售自然影响很大。

（一）店铺的基本装修

装修网上店铺和实体店是一样的，都是为了能够吸引住买家的目光。尤其对网店来说，好的设计更加重要，因为买家在购物的时候，对产品的了解主要是通过文字和图片，所以将这些做好之后就会增加买家的信任感，有时候甚至能将自己网店的品牌树立起来，可谓一举多得。这里所说的装修，是指在淘宝、易趣等网店平台允许的结构范围内，通过图片、程序模板等的使用，尽量让店铺更加丰富美观。装修普通店铺通常有以下几点。

1. 上传店标

店铺的头像就是店标，与论坛上用户的 ID 头像比较相似，通常大小为 120×120 像素。店里有代表性的物品图片就可以作为网店的店标，也可以将多个图片制作成 gif 动态店标。

要想上传店标，就要进入“我的淘宝”，选择单击“管理我的店铺”，然后进入“基本设置”。

这时候在基本设置里面将会显示还没有店铺招牌，单击上传招牌字样即可进行上传。

进入上传招牌页面，单击“浏览”选择图片，最后选择合适的图片，确定即可。

2. 给店铺分类

以淘宝为例，普通店铺通常不会在首页上进行过度装修，最直观显眼的位置就是店铺类目，所以对这里进行装修将会收到意想不到的效果。

进行店铺分类的时候首先单击“管理我的店铺”，在店铺类目处，单击“编辑”，进入之后在新分类名称那里将分类的名字输入到里面，将图分类的网络地址复制粘贴到图片地址处即可。

3. 发布店铺公告

店铺公告模板和宝贝描述模板都属于网页代码文件，有很好的装饰作用，而且它的位置很显眼，处于店铺首页右上角，买家进入店铺首页之后一眼就可以看到，这是很重要的一点，店铺公告模板同样是很重要的一部分。通常会将一些重要信息写在里面：如卖家资料、近期优惠、联系方式、店内购物注意事项等，要注意公告栏很小，所以上面的信息要言简意赅。

4. 介绍店铺

店铺介绍不仅可以介绍店铺的情况，也可以作为展示自我的空间，店主可以经常在上面写一些心情文字，炫一下自己的收藏，发一些喜爱的图片和照片等。这个特殊的宣传页面已经受到越来越多店主的重视，这里既可以宣传宝贝、促销活动，又可以进行自我推广。页面操作简单，展示区域很大，实用价值很高。

5. 宝贝描述模板

许多店主都有这样的工具，因为这属于网页格式文件，其实就是一个网页。它可以通过单一的宝贝详情页面，直接单击链接到卖家的店铺、信用情况等，方便实用。

（二）个性化店铺的装修

提升店铺商品单击率的关键就是要有一个匠心独运的店铺商品标题。

很多买家在进行购物的时候都是通过搜索关键字来进行的，也就是定位相关商品，尽可能使用商品的关键字。商品名除了要将该商品的信息、属性如实交代外，还可以进行宣传，合理利用热门搜索关键字（淘宝首页有热门关键字），吸引住买家的眼球，提高搜索概率。搜索功能在淘宝网上支持宝贝、店铺、掌柜和网页等方面的搜索。

1. 选择好的店名

综合体现店铺特色、店主性格、商品特色和便于宣传是选择店名需要考虑的问题，店名的制定要能体现出以下几方面要求。

(1) 体现主营，便于买家搜索

店名要突出主营项目，既方便买家搜索，又能一目了然。此外，店名还要简单明了，便于买家记忆。如果店名过于生疏，虽然能吸引买家的注意力，但不利于网店在买家之间的宣传。

好的名字便于买家记忆，同时还能与店铺的其他装修相配合，树立独特的店铺风格。店家在销售商品的时候不仅可以赚钱，还宣扬了自己的个性和喜好。

（2）利用大家熟知词汇

如人名、事件等都可以作为网店的名称。如乔丹运动系列、韩版李孝利女装。

（3）巧用数字，方便顾客记忆

如快乐98（酒吧）、洋酒小站、520（我爱你）情侣港湾。

2. 设计好的商品名

买家在网上进行购物的时候，都是根据自己的需要进行的，登录之后就会直接搜索自己想要的商品。因此，商品标题中应该包含顾客在网站输入的搜索文字。在制定的时候主要有以下几方面的要求。

（1）商品名制定规律

建议在淘宝网中使用的商品名格式为：品牌+商品名+规格+说明。如果一个商品名包含了上述几个特点，买家就会一目了然。由于商品的信息比较齐全，所以没有这方面需求的买家就不会对该商品进行详细了解。这样对于卖家来说，如果想要分析该商品的市场状况，浏览量就可以作为强有力的证据了。

（2）标新立异，强调卖点

商品名要让人对商品的基本信息一目了然，同时还能从搜索引擎中很快找到。

例如，某品牌有一款60mL的泡沫型美白补水洗面奶想要出售，那么应该如何为商品起名呢？首先要对该商品进行分析：商品特点是“泡沫型”，规格是“60mL”，名为“美白补水洗面奶”，那么就可以起名为“美白补水洗面奶60mL（泡沫型）”。

（3）添加热门关键搜索词

进入“淘宝网”首页之后，在最上面会发现“热门搜索”区域和“主题商品”区域，如图2-20所示。在“热门搜索”区域中的字词以及“主题商品”区域图片下的商品名中红色的字词都是热门关键搜索词。每天淘宝网的热门关键搜索词都在发生着改变，这是因为，买家每天搜索商品的频率情况，淘宝系统都会进行总结、排序。这里面的商品有很强的被关注度，是销售的热门。如果正在销售的商品包含有这些热门关键搜索词，将会受到更多买家的浏览，也就更有可能售出商品。

图2-20 “淘宝网”首页

3. 商品取名的作用

为商品取名的作用主要有以下两点。

（1）方便搜索到商品

买家在淘宝网上通常是通过商品的关键字来搜索相关商品的，所以在为商品起名的时候要尽量添加那些有可能被搜索到的关键字。

商品的关键字一般包含以下几点信息。

①商品主体：如果商品是数码相机，就一定要将“数码相机”等字眼加到上面。

②商品品牌：如果是一些知名品牌，就要学会充分利用生产厂商

多年经营起来的品牌效应来宣传。如美特斯邦威的衣服，在命名商品的时候不仅要将美特斯邦威的中文名写出，此外，还要写其英文名"Meters/bonwe"。

③商品型号：如果是数码类产品通常都有其对应的商品型号，卖家在为商品起名的时候要将这些信息标注出来。如索尼爱立信，买家有时候会直接用"W595c"作为搜索的关键字。

④商品款式：如果商品是服装，要将其款式注明，如短裙、七分裤或小西装等。

⑤商品产地：这主要是对一些地方特产而言，如绍兴黄酒、金华火腿、西湖龙井等。

(2) 方便单击商品

如何让买家在众多的商品中关注到自己的商品呢？就需要店家在为商品命名的时候注意以下几点。

①商品规格和功能：商品的名字中应尽量包含该商品的具体信息，使买家对商品的概况一目了然，方便买家选购。

②商品促销信息：一定要在商品标题中注明该商品是否有包邮或赠品等优惠活动，这样就可以使自己的商品在同类商品中拥有较强的竞争力。

③店铺信用信息：因为网上购物具有一定的特殊性，所以卖家的信用越高，买家就越放心购买。所以卖家也可以将自己的信用等级注明在商品的标题中。

4. 商品信息

网店上的商品除了要有直观精美的图片外，一些真实专业的文字描述同样必不可少。通常在描述商品的时候，真实性和专业性是需要遵循的两大基本原则。

(1) 真实性原则

与面对面交易不同，网络交易存在很多特点。在实体店购买的商品，如果不满意，存在已经付款且不能退款的情况。但是网上交易是不会发生这样的情况的，这是因为买家掌握着主动权，一旦对商品不满意，买家就可以要求卖家退货或对其进行投诉。

卖家一定要谨慎描述产品的真实性，避免这样的情况发生，因为严重的情况下将会引起法律纠纷。

（2）专业性原则

专业的产品描述会对买家产生很大的影响，信任度和真实度也包括在其中。

卖家的店铺实力、售后服务等保障可以通过专业的语言描述表现出来。每一个正规的产品都有与其对应的产品说明书，但是现在网络上有很多三无产品，这些产品严重影响着同类产品的声誉。所以在对商品进行描述的时候要做到独树一帜，只有这样才能吸引买家的眼球，提高店铺的单击率，从而有利于店铺的经营。

通常专业性主要体现在以下几个方面。

①产品的相关背景。

②产品的具体规格。

③产品的功能特性。

④产品的使用方法及特点。

⑤产品的价格说明。

二、发布商品

在各主要网上交易平台上发布商品的操作都是相似的，包括填写商品基本信息、上传照片、填写运费信息等。其中销售方式、价格、商品描述等包括在商品信息里面；填写物流信息的过程中创建运费模板将会更加方便。不同的网络交易平台就会有不同的填写这些信息的顺序，例如，“淘宝网”要求首先选择销售方式，而“易趣网”则需要一并选择进行填写。下面继续以“淘宝网”为例进行详细说明。

1. 填写商品基本信息

（1）选择销售方式

登录“淘宝网”之后，单击“我要卖”链接，就会出现一个页面，如图 2-21 所示。“一口价”销售商品是首先要选择的经营模式。

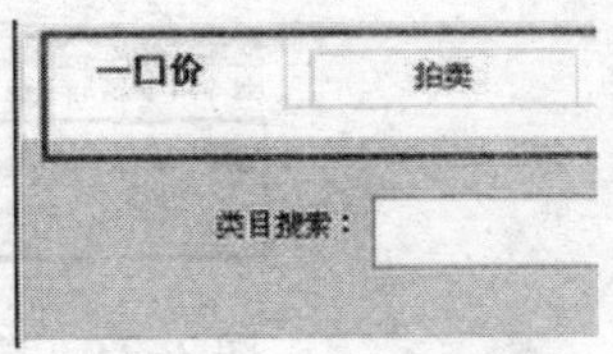

图 2-21 在“淘宝网”中选择销售商品的方式

“一口价”指商品的价格是固定的，买家通过这个价格直接付款购买，但这种经营模式并不是绝对的。顾客拍下商品，但还没有进入付款状态时，店家可以对价格、运费进行适当修改。

（2）选择商品类别

顺次单击页面上的商品类别，就能找到自己想要的商品，如图 2-22 所示。完成之后单击“我已阅读以下规则，现在发布宝贝”链接即可。

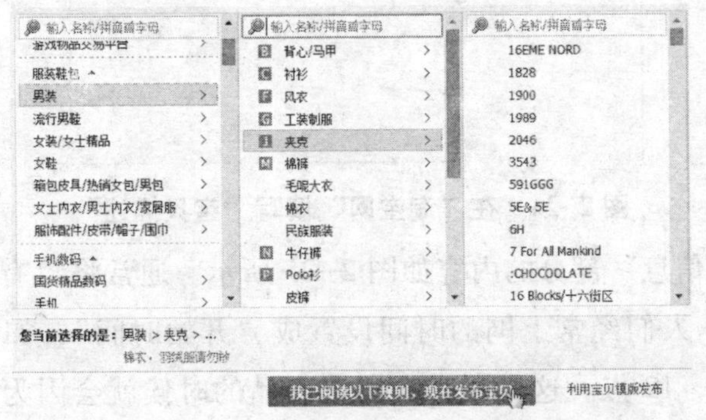

图 2-22 在“淘宝网”中选择销售商品的类别

（3）填写商品信息页面

该页面主要有“宝贝基本信息”“宝贝物流信息”和“宝贝其他信息”等三部分内容。在填写基本信息的时候需要将前面准备好的照片传上去。如果出现如图 2-23 所示的提示，就说明文件大小不符合要求，要进行重新操作。

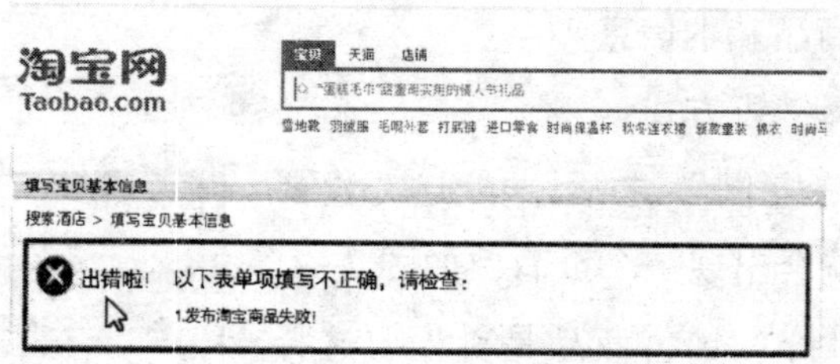

图 2-23 “淘宝网”中图片文件错误的提示

顾客购买时的重要参考就是商品描述，编辑区如图 2-24 所示。描述的内容主要包括：商品的具体型号、款式或品种、新旧程度、卖家提供的售后服务方式与卖家交流的提示等。将这些内容输入进去之后，还要对格式和编排进行适当调整，这里的文字处理软件和 Word 相似。此外，虽然页面上提示不要从 Word 里进行文字复制，但如果内容较少，没有文档分栏、插入图片等复杂格式，还是可以适当进行复制的。

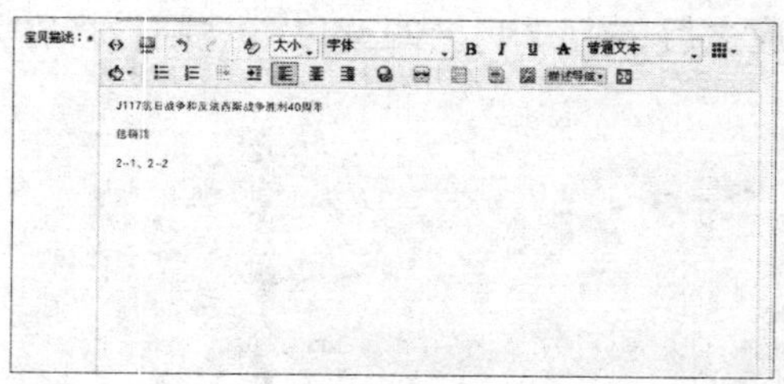

图 2-24 在“淘宝网”填写“宝贝描述”

“其他信息”部分的内容如图 2-25 所示。通常将“有效期”设置为 7 天，人们经常上网的时间设置成“开始时间”，如下午 2~6 点，晚上 7~12 点。这样顾客在浏览商品的时候就会因为“即将到期”而关注该商品。

4. 其他信息
有效期： 7天 14天
开始时间： 立刻
设定 2010年9月19日 11 时 35 分 您可以设定宝贝的正式开始销售时间
放入仓库
秒杀商品： 是 否 若此商品参加秒杀活动，在此期间内必须设为秒杀商品，以防止作弊
橱窗推荐： 是 您当前共有10个橱窗位，使用了0个。橱窗位是免费的哦~

图 2-25 在“淘宝网”填写“其他信息”

信用达到一定额度之后还可以以“拍卖”的方式销售商品，也就是通过用户竞价的方式进行商品销售。这时候就会出现“起拍价”“加价幅度”等设置内容，如图 2-26 所示。为避免成为荷兰式拍卖，通常将拍卖商品的数量设置为 1。商品数量对竞价成功与否的影响较大，买家的操作比较复杂，与此同时店主也会有许多解释工作。

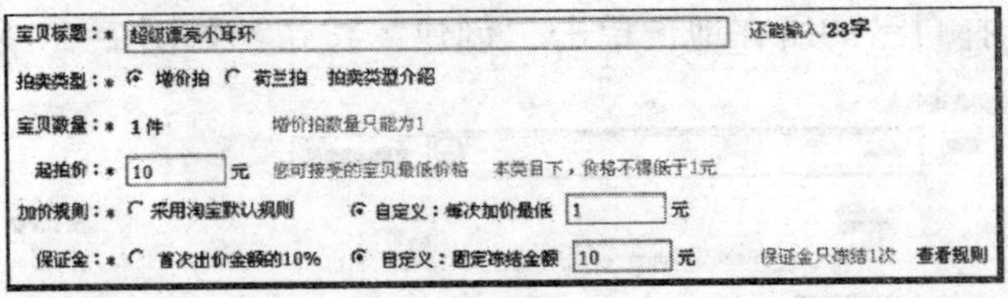

图 2-26 在“淘宝网”上拍卖销售设置特殊内容

“易趣网”的拍卖销售不同于“淘宝网”。在这里进行拍卖的商品，也可以选择“一口价”销售，也就是说买家认为“一口价”的金额是合适的，就可以直接通过“一口价”进行购买。“易趣网”在设置拍卖件数的时候也设置了购买数量。建议购买一件，以免产生麻烦。

在这两家主要的网络平台上进行拍卖销售，网站要求“卖家承担运费”，也就是买家竞价成功后，就要按出价的商品费用购买，不用承担运输费用。有的店主会进行提示说明，告知买家在竞价成功后要和自己联系，付款的时候要将运费算进去，但并不是经常奏效。建议店主在制定底价的时候将运费算进去，同时将“包邮价”标注在上面，同时还要用文字进行相关说明“含运费 X 元”。有的买家可能会拍下多件相同的小件商品，然后要求店主合并寄送，这时候买家就会和店主进行联系，要求将重复计算的运费除去。

2. 设置运费信息

通常运费是由买家额外支付的。根据自己的消费水平和时间要求，买家可以选择平邮、EMS、快递等不同的运送方式。同时，物流费用会随着运往地区的不同而不同。这时候店主就需要通过设置运费信息来通知买家购买该商品所需承担的具体运输费用。

运费信息的设置已经包含在“淘宝网”填写宝贝信息的页面中，在了解邮局和当地主要物流公司服务收费标准的基础上可以设置“运费模板”，这样在以后上传、销售商品的时候就能套用。操作步骤如下。

①选择自己的所在地，单击“创建”按钮，如图 2-27 所示。

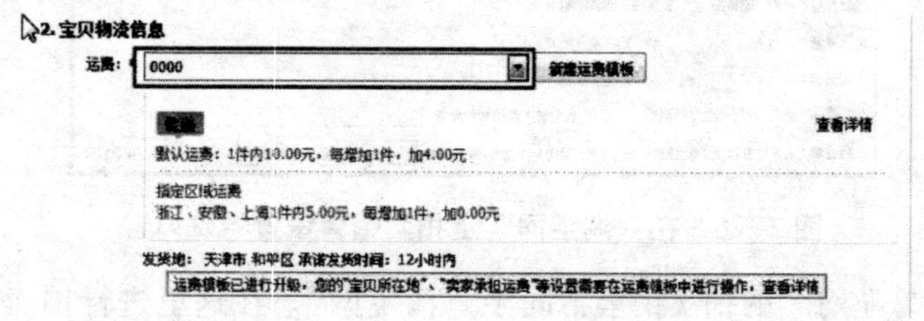

图 2-27 在“淘宝网”上设置运费模板-1

②单击“新增运费模板”，进入设置页面，如图 2-28 所示。因为之前并没有对“运费模板”进行设置，这时候网站就会显示出一个示例。

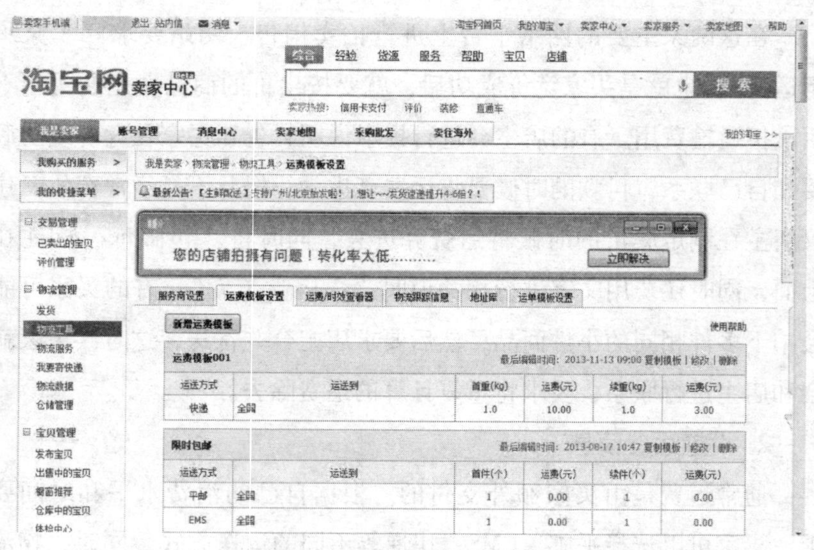

图 2-28 在“淘宝网”上设置运费模板-2

③填写运费设置内容，如图 2-29 所示。

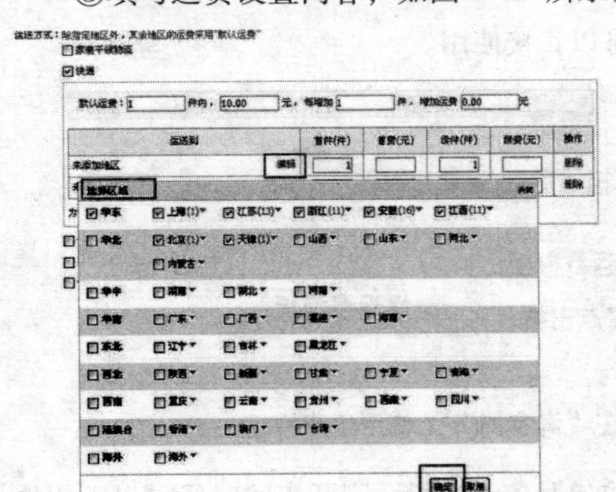

图 2-29 在“淘宝网”上设置运费模板-3

首先，要给当前的运费模板起一个名字。一般，同一类商品的运费基本是一样的，所以可以根据商品种类来确定模板名称。

然后，单击“为指定地区设置运费”，页面上就会出现各省或地区的选项。如选择江浙沪运费为 5 元，那么就要先在江浙沪运费为 5 元前面的方框中打钩，并将相应的运费输入到里面。如果还有别的地区，继续单击“为指定地区设置运费”就可以进行添加。如果有些地区预计顾客较少，可以不用设置，此时网站就会告知顾客默认的运费，当买家和店主进行沟通的时候，再确定具体的运费。

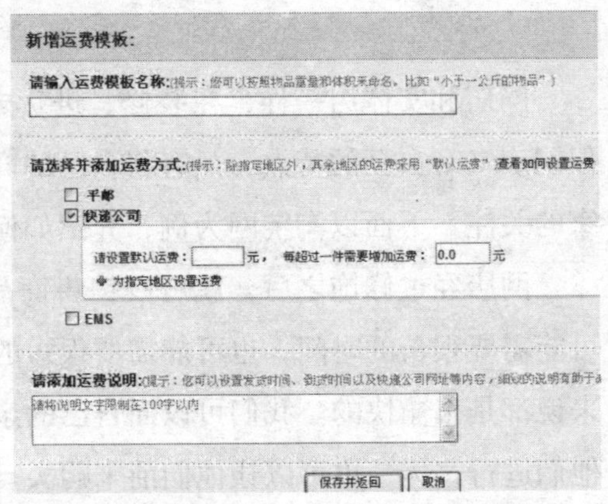

图 2-30 在“淘宝网”上设置运费模板-4

在页面下部将文字说明信息输入到“添加运费说明”区域，如图 2-30 所示。对质量保证、索赔途径、发货时间、到货时间、签收要求等可以进行比较详细的说明。

填完这些信息之后，单击“保存并返回”，即成功设置了运费模板。

④使用运费模板。为其他同类商品进行运费信息设置的时候，直

接单击“选择运费模板”，如图 2-31 所示，就会找到相应的模板，单击“应用该模板”，就可以直接使用。

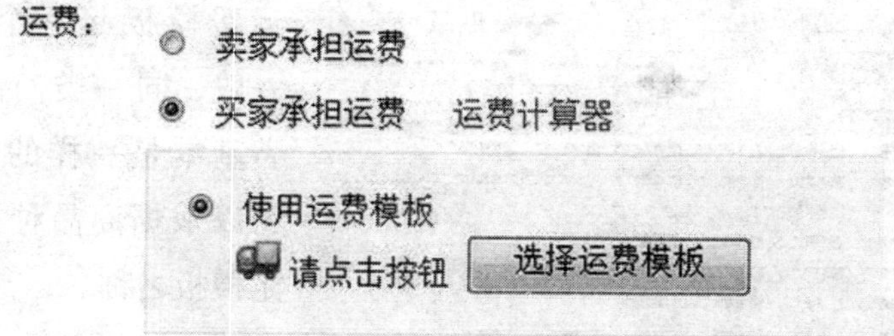

图 2-31 在“淘宝网”上使用运费模板

如果并不熟悉当地的快递服务的质量，刚开店的时候可以不用快递，只将平邮和 EMS 填写到里面即可，有利于前几笔交易的顺利实现。

第四节 网店的第一笔生意

网店和实体店一样，在装修、进货之后，就要准备销售商品了。但网店又有自己的特点，只有将自己的商品上传到网上，才能受到买家的关注。下面以淘宝网为例，介绍如何达成第一笔交易。

网店经过修饰之后，就可以销售商品了。要想达成第一笔生意，可能需要很长的时间，也可能需要很短的时间，但无论如何，对店主来说都是很愉快的。我们可以向自己的亲朋好友推荐自己的网店，让他们进行宣传，也可以让他们前来购买。

这里主要讲如何完整地完成一笔交易，内容有很多和第一章有照应之处。可以根据自己作为买家时的一些做法和心态，揣摩自己作为店主的时候应该完成的工作和应有的要求。

1. 沟通买家

要想做成生意，首先就要与买家进行沟通，了解顾客通常会问哪些问题并做出相应准备，这样才能很好解决顾客的问题。当我们是顾客的时候可以通过各种不同的方式来寻找所需的商品，也可以通过各种方式联系店主、询问问题。作为店主，要能应对各种情况的能力，这样才不会错失良机。

（1）准备顾客可能问及的问题

从市场营销的角度看，销售商品主要包括产品、价格、渠道、促销四方面问题。比较常见的是产品方面的问题，主要包括品牌、质量、包装、功能等。如果销售的属于品牌产品，买家就会对商品的真伪进行确认。因为买家无法亲自验货，所以经营者要对诸如商品来源、相关品牌常识的问题等准备好满意的回答。包装方面，还需要将商品原来的外包装是怎样的（简装/精装），是否适合作为礼物等告诉消费者。一些具体的情况与产品的质量和功能有关，例如纺织物就包括面料、质地、色牢度等。

价格方面通常没有问题，尤其是一口价商品，顾客确定了商品的质量、品牌等信息之后，通常不会对价格进行过多询问。当然，如果与其他店铺相差较大的时候，需要给买家合理的解释。

对网店来说，渠道主要就是物流。邮费、物流等费用是买家经常会询问的问题，因此事先就要对当地的相关收费情况进行详细了解，尤其是主要城市的费用和简单的计算方法一定要了解。有时候买家会问是否拥有实体店，要如实回答。同时经常被问及的问题还有运送过程中采用的外包装和保护材料。

在销售过程中经常会采取的一些做法就是促销，有时是为了周转，有时是为了提升网店的销售额，同时提升网店的等级。这时候，顾客就会问一些具体的措施。假如有附赠商品，那就需要经营者了解附赠品的用途、保质期、质量等，保证能回答买家提及的任何问题。

（2）检查各个可能留言的地方

收到顾客提出问题的途径有很多，如果店主经常在线，买家提出问题的方式由多到少依次为：即时聊天工具、商品页面留言、站内信、店铺留言。

顾客们的首选通常是聊天工具，在线的店主可以进行即时沟通，及时解决买家所遇到的问题，顾客一旦提问，屏幕右下方就会有闪动的图标，双击之后聊天窗口就会打开，就能回答买家所提出的问题。

要经常查看商品页面留言、站内信和店铺留言。每天打开电脑登录网站之后就应该及时查看。仍以“淘宝网”为例来进行说明。

①查看站内信。与之前做买家时查看店主回复是一样的方法。登录“淘宝网”以后，看自己的用户名后面括号中的数字就能知道站内信的数量。

②查看商品页面留言。进入“我的淘宝”，在页面左侧找到“我是卖家”，单击“买家留言/回复”，已有的商品页面留言就会在右侧出现，如图 2-32 所示。之后单击“等我回复”，电脑就会自动转向商品介绍页面，在留言区就能查看买家的问题。单击“回复此留言”，新出现的页面中即可进行回答。当然，必要的时候也能将恶意留言删除。

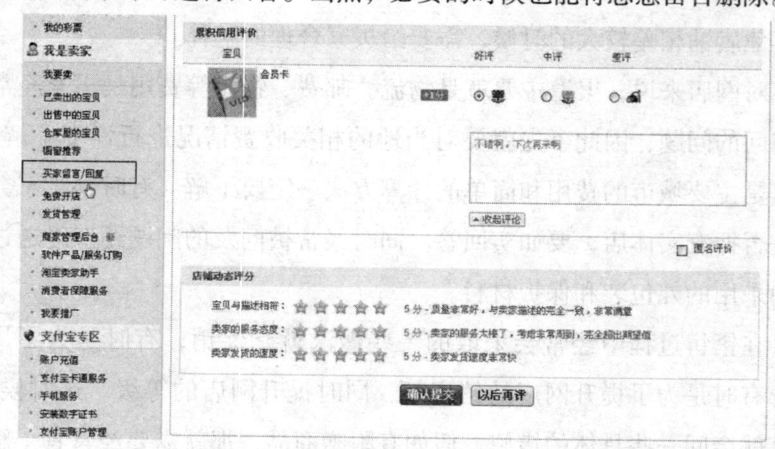

图 2-32　在“淘宝网”上查看顾客在商品介绍页面的留言

③查看店铺留言。单击“我的淘宝”页面左侧的“查看我的店铺”就会进入网店页面，在店铺留言区就会看到，单击“管理全部帖子”或“查看详情”就可以回答买家所提出的问题，如图 2-33 所示。

其他的网上交易平台，也可以查看顾客留言，方法基本一致。

需要注意的是，如果买家有问题提出，网络交易平台通常会将一封邮件发送到店主注册时留下的电子邮箱中，提醒店主查看或回复买家的信息。进入邮箱之后，打开邮件，单击相应的链接，就会直接登录并转向相应的页面，快捷方便。由于不是所有买家在店铺的操作都有这样的提醒，如店铺页面的留言内容，“淘宝网”就不会进行提示，所以有必要经常登录自己的网上页面进行查看。

图 2-33 在“淘宝网”上查看顾客在店铺页面的留言

如果店主登录的聊天工具与网站有一定关联，就会收到买家留言的提示，对于查看顾客的问题十分方便。

2. 修改价格

有时候买家在购买商品的时候，还会要求店主对价格进行调整，主要是改运费和给予少量的优惠等。如今所有的网店都有这样的功能，此处以“淘宝网”为例进行详细说明。

①在沟通时告诉买家修改价格的有关操作。买家先将商品拍下，进入“支付宝”之后，在“付款到支付宝”环节通知店主修改商品的价格，买家等待的页面如图 2-34 所示。

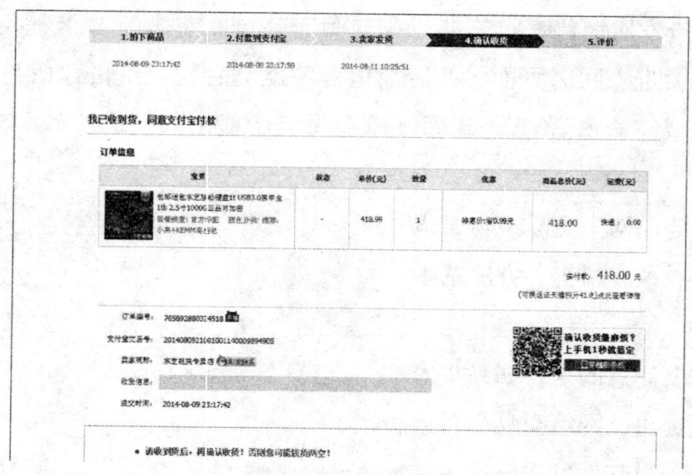

图 2-34　顾客等待店主修改价格的停留页面

②店主登录“支付宝”中的“交易管理”栏，对刚才买家所购买的商品进行查看。

其交易状态应为“等待买家付款”，单击左边“修改交易价格”的链接。

③在之后出现的页面上继续单击“修改价格”。这时候可以看到，如果买家提出取消全部或部分商品的购买，也可通过单击页面上的“关闭交易”来实现。

④填写包括商品原价和邮费等价格的修改信息。如果是便宜 2 元钱，在“涨价或折扣”中输入“-2”即可，依此类推。邮费一栏则需要修改为实际费用或商定的价格，如果买家想要将购买的几件商品进行合并寄送，只需要将其他的改为“0.00”元，只保留其中一件商品的邮费即可。

⑤价格修改信息要及时提醒买家注意查看，之后对“支付宝”进行刷新或重新登录，确认“交易管理”中为修改价格后再完成商品的交易。

3. 发出货物

在买家对商品付款之后，店主要及时进行查看。通常可以在页面左侧“我是卖家”当中的“已卖出的宝贝（或商品）”中看到买家付款的信息。如果交易状态显示的是“等待买家付款”，就说明买家还没有付款成功，这时候要耐心等待，不要急于发货，要和买家进行沟通，等付款成功后再进行发货。

“淘宝网”的查看页面如图 2-35 所示，页面上显示的交易状态是“买家已付款”，这时候店主就可以选择合适的物流发货。

宝贝	宝贝属性	状态	服务	单价(元)	数量	优惠	商品总价(元)
途胜前护杠-U型_途胜前保险杠-U型-途胜前防撞杠-U型 保障卡	颜色分类：白色 适合汽车：现代 适合车系：途胜 适用车型：2006款 2.0L 手动两驱时尚型	买家已付款		320.00	1	·卖家优惠-45.00元	365.00 (快递：10.00)

图 2-35 “淘宝网”显示的买家已付款状态

单击“发货”，就会出现如图 2-36 所示的页面。选择合适的邮寄方式，直接单击“确认”，买家这时候就能看到货物已发出的状态，剩下就是等待收货的过程。

未发货的订单　被取消的订单

收件人名称：　买家昵称：　创建时间：　至

订单编号：　买家选择：全部　订单类型：全部　搜索

图 2-36 在“淘宝网”填写发货状态

4. 评价买家

在顾客接收到商品并确认放款以后，店主就可以对该买家进行评价。这是一个比较简单的操作过程，仍以“淘宝网”为例进行说明。

①进入“我的淘宝”查看“已卖出的宝贝”。显示“交易成功”意味着对方已经付款，这时候右侧会出现“评价”链接，如图 2-37 所示。

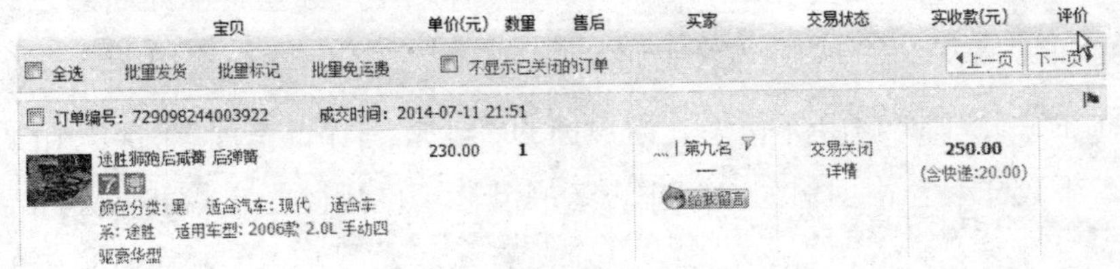

图 2-37 在“淘宝网”评价买家-1

②单击“评价”链接，可以看到“好评”“中评”“差评”和留言区。将所有的内容填写完毕之后，就可以单击“回复”，评价就成功了，如图 2-38 所示。

图 2-38 在“淘宝网”评价买家-2

5. 提取货款

可以通过“电子钱包”将本次交易的货款提取出来。前面已经说明了为“电子钱包”绑定提现账户的方法，这里就直接进行操作。以“支付宝”为例介绍网上交易平台电子钱包的提现过程。

①登录“支付宝”网站（www. alipay. com），找到“提现”的链接，单击打开，如图 2-39 所示。

图 2-39 在“淘宝网”的“支付宝”提取货款-1

②选择银行卡，将提现的金额输入进去，单击“下一步”，如图2-40所示。

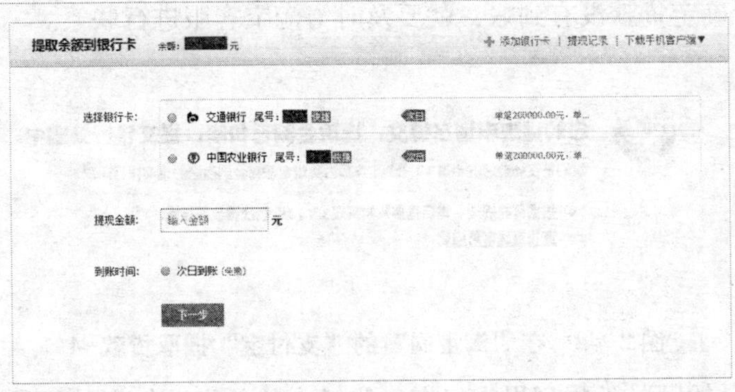

图 2-40 在“淘宝网”的“支付宝”提取货款-2

③确认账号。这里网站只给出了最后几位，目的是确认打入货款的银行卡是哪一张。如果需要对完整的银行账号进行核对，则应登录绑定银行账户的页面进行查看。确认之后，再单击“确认提现”，如图 2-41 所示。

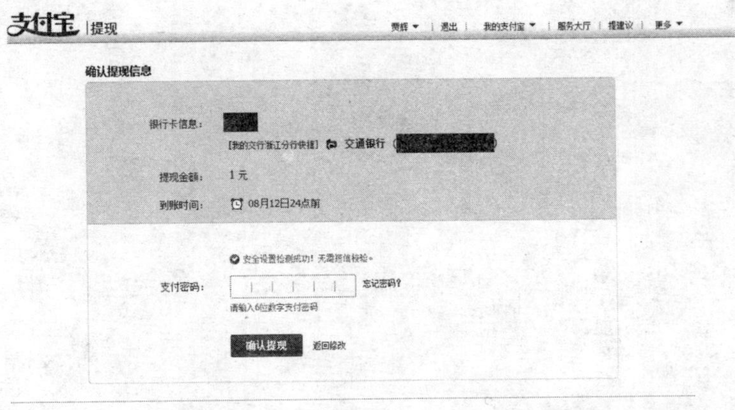

图 2-41 在“淘宝网”的“支付宝”提取货款-3

④提现申请提交完成，如图 2-42 所示。如果是中国工商银行、中国建设银行、中国农业银行、上海浦东发展银行、深圳发展银行、中国民生银行、交通银行、招商银行、兴业银行、广东发展银行等银

行的账户，通常需要 1~2 个工作日货款才能到账，到时候再登录网上银行进行查看。这个环节通常不会有太大的问题发生，但如果在 4 天以后确定货款没有到账，就要及时与淘宝客服进行联系。

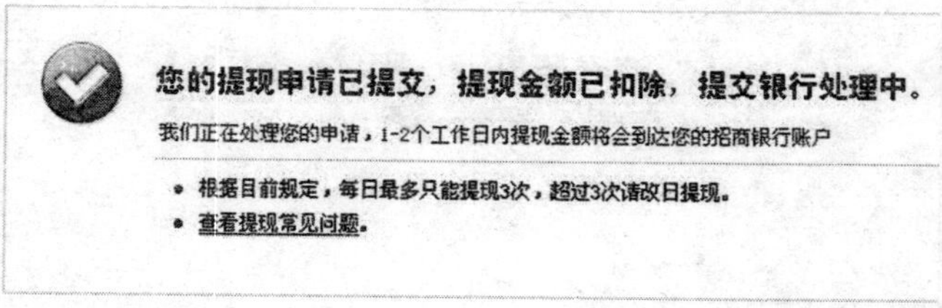

您的提现申请已提交，提现金额已扣除，提交银行处理中。

我们正在处理您的申请，1-2个工作日内提现金额将会到达您的招商银行账户

- 根据目前规定，每日最多只能提现3次，超过3次请改日提现。
- 查看提现常见问题。

图 2-42　在“淘宝网”的“支付宝”提取货款-4

“易趣网”的提现操作仅有一些微小的差别，如有的网站再次确认提现账号窗口不会出现，但基本过程都是一致的。当在网上银行的账户中看到已经打入的货款时，就证明第一笔生意成功了。

第三章 网店的进货渠道

第一节 网店的商品

无论开网店还是实体店，优质的货源是成功的重要因素之一。不顾商品的质量，一味追求销售技巧，无疑是舍本求末的做法。同时，对于第一次在网上开店的朋友来说，一定也会有不少疑问。例如，网上开店卖什么，怎样的商品容易销售，怎样的商品适合在网上销售，怎样寻找货源等。下面，为大家做详细解答。

首先，可以根据自己的兴趣来选择网店的产品。在自己比较熟悉和擅长的领域中选择商品种类，从而获得更加优异的销售成绩，是开网店的最佳选择。另外，也可以根据市场动向，对现有数据和经验进行分析后，选择热门且适合自己的网店商品。

1. 适合在网上销售的商品

网上购物这一模式经过近些年的发展，已经逐步趋向成熟。对于哪些商品适合在网上销售、这些商品的基本特点是什么等疑惑，也已经有了较为明朗的答案。

（1）质量容易控制

网上直接销售这种买卖双方不见面，买家无法看到实物，只能根据卖家提供的文字和图片信息来了解商品的销售内容，很容易因为卖方提供的资料不够翔实导致买家收到商品后不满意而退货。相对而言，书籍、电子产品、音响产品及标准化商品等质量容易控制的商品更适合在网上销售。

（2）新产品

相对于传统店铺，那些刚刚推出且缺乏大规模推广的新产品往往更加适合于网上店铺，而网上店铺也往往更容易为新产品打开市场，二者相辅相成。

（3）手工产品

因为生产能力的限制，通常手工产品的产量不会很高，若采用传统的销售模式，则会大幅提高销售成本。网店则不然，在降低销售成本的同时，还可接触到最广泛的客户群体。个人或家庭手工制品都十分适合在网店销售。

（4）批零差价高的商品

在商业已经高度发达的今天，普通日用品的批发价格和零售价格已相差无几。虽然可以在网上进行产品的宣传与推广，但若在网上直接销售批零差价小的商品，无疑是不合适的。选择网店的商品时，应尽量选择销售利润高、让利空间大的商品。

（5）针对特殊人群的商品

虽然某一特殊人群在整个消费者群体中所占比例很小，但其具体数量是相当庞大的。传统店铺销售针对特殊人群的商品时，受到地域、方位等因素局限，很容易出现门可罗雀的局面。相对而言，此类商品更适合在网上销售。网店不仅不受地域等因素限制，而且还拥有更为广泛的客户群体，完全不用担心客户少这个问题。

(6) 消费者有购买障碍的商品

例如成人用品，此类商品拥有巨大的潜在需求，而大部分消费者都无法做到坦然地进入实体店购买。各项数据也显示，网上销售在成人用品的整体销售中占有很大的份额。

(7) 个性独特、具有时尚性的商品

当今网络购物的主力军为年轻人，而此类商品又特别受年轻人的青睐，因此，无论在实体店还是网店，此类商品都非常抢手，并且成为网上销售的主流商品。

2. 网上最畅销的商品

下面是淘宝网上最热销的十大商品。

(1) 化妆品及化妆用品

女人对美的追求，从古至今热情不减，并且愈演愈烈。也正是因为这样，化妆品市场具有相当广阔的发展前景，如图 3-1 所示。女人都舍得为化妆品下本钱，无论有钱没钱。而且化妆品又是每天都会使用的产品，需要经常购买。一旦某一款商品令买家满意，则重复购买率必然大幅度提高。化妆品无论在销量还是客户群方面，都是当之无愧的王者。

图 3-1 化妆品

优势：

①消费群体十分庞大。

②需求量大。

③重复购买率高。

④不论在什么时代都是畅销品。

⑤不必考虑尺码问题。

劣势：

①需要考虑保质期等因素。

②多为玻璃瓶包装，不利于运输。

（2）女装女鞋

运输便捷、无过期变质等问题是此类商品的优势，而尺码和型号有所限制、款式方面要求较高则是其劣势，这些劣势导致女装女鞋相比化妆品来说重复购买率较低。女装女鞋的款式多种多样，如图 3-2 所示。再大的店铺也不可能包含所有款式的女装女鞋，顾客粗略地看看店中的款式，若没有特别满意的便会去别的店铺。

优势：

①消费群体十分庞大。

②需求量大。

③不需要考虑保质期问题。

劣势：

①存在尺码问题。

②要求卖家眼光独到，能够选择合适的品牌和款式销售。

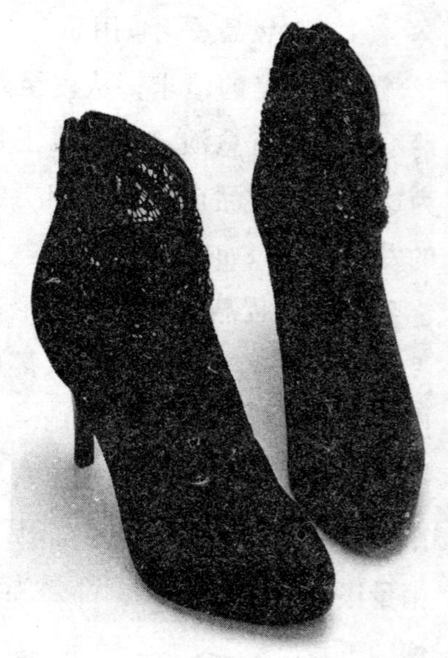

图 3-2　女鞋

（3）电子类产品

价格占有绝对优势是电子产品市场火爆的主要原因。电子产品拥有很大的消费群体，而通常来说，各网络购物平台销售的电子产品价格要远远低于实体店的价格。在这个几乎每人一部手机，越来越多人需要电脑的时代，电子市场的前景可谓一片光明。如图 3-3 所示为常见的电子类产品。但是，售后服务及维修操作麻烦等问题，容易令客户抱有疑虑。

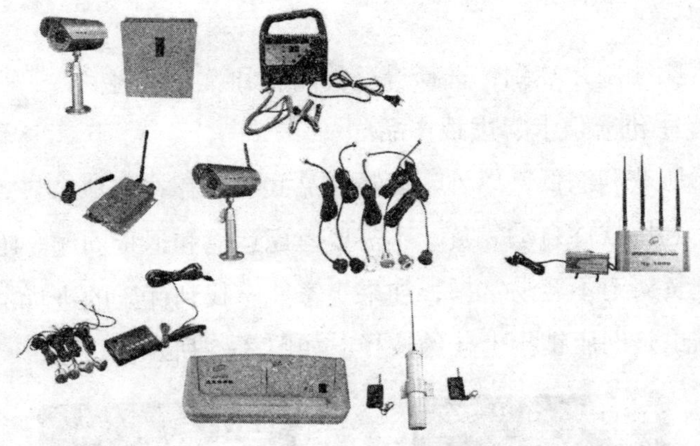

图 3-3 电子类产品

优势：

①消费群体十分庞大。

②需求量大。

劣势：

①售后服务及维修等操作不便，问题突出。

②部分产品不利于运输。

（4）女士箱包

女人一生购买的箱包数量十分可观，如上学时用的大包，逛街时带的斜挎包，约会时精致小巧的手提包等，如图 3-4 所示。而且，很多人还会选择送箱包给亲朋好友作为礼物。箱包不存在运输和保质期的问题，优势可与服装比肩。

图 3-4 女士箱包

优势：

①消费群体十分庞大。

②需求量大。

③不需要考虑尺码和保质期问题。

④运输方便。

劣势：

要求卖家眼光独到，选择合适的品牌和款式销售。

（5）手机充值卡、虚拟产品

除了所获利润低微以外，此类商品几乎不存在其他劣势。基本没有纠纷，利用软件自动发货，不需要考虑运输和退货问题。唯一的问题就是进货渠道不容易掌握，如果卖家能够找到优质的进货渠道，则此类商品也是网店销售上佳的选择，如图 3-5 所示。

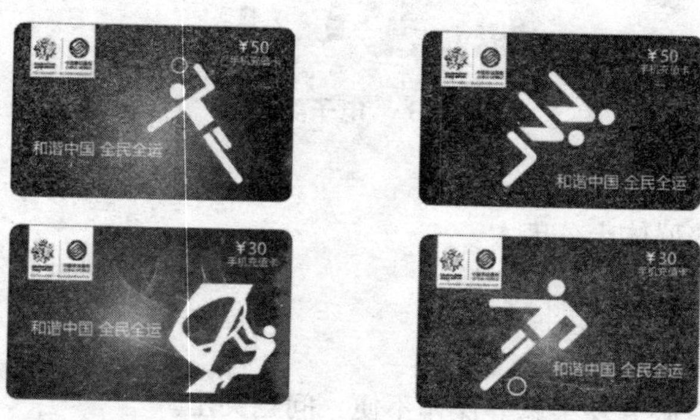

图 3-5 手机充值卡

优势：

①消费群体十分庞大。

②不需要考虑尺码和生产日期问题。

③卖家不必时时在线，可通过软件自动发货。

劣势：

①销售利润低微。

②进货渠道不易掌握。

（6）流行饰品

流行饰品在所有商品的市场需求量中也占有很大的份额。饰品不仅是女性钟爱的消费品，也是人们送礼时的首选，如图 3-6 所示。若准备经营饰品类的网店，则需要卖家走在时尚的前沿，不能脱离最新的流行时尚。小饰品类商品运输便捷，而较大的饰品或玻璃饰品一类的商品则存在运输问题，此为饰品类商品的一个劣势。

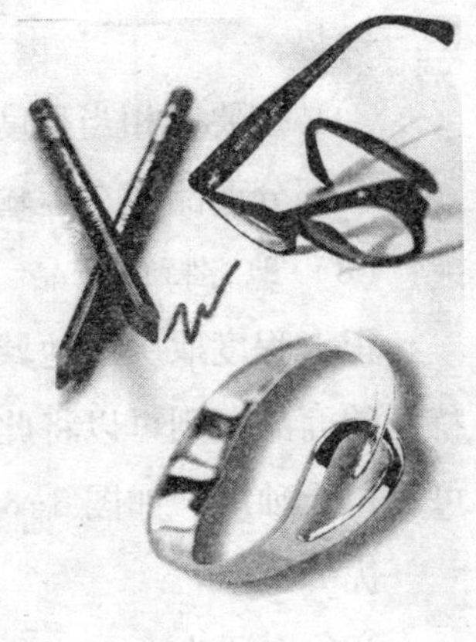

图 3-6 流行饰品

优势：

①消费群体十分庞大。

②需求量大。

③不需要考虑尺码和保质期问题。

劣势：

①较大或玻璃制造的饰品运输不便。

②要求卖家眼光独到，能够选择合适的品牌和款式销售。

（7）家居日用

家居产品是每个家庭必不可少的用品，其覆盖面相当广泛，拥有的市场也相当大。但是，若要以此类商品作为网店主打商品，则网店必须要有一定的价格优势和自身特色，如图 3-7 所示。

图 3-7 家居日用品

优势：

①消费群体十分庞大。

②需求量大。

③不需要考虑尺码和保质期问题。

劣势：

①必须要有相当程度的价格优势。

②部分商品存在运输不便的问题。

（8）地方特色产品

很大程度取决于地域。如果店主所处的地域拥有声名远扬且独具特色的商品，则可以将此类商品划入网店经营的考虑范围，这一优势可谓得天独厚，如图 3-8 所示。

优势：

竞争对手少。

劣势：

①部分商品存在运输不便的问题。

②需求量不大。

③消费群体比较小。

图 3-8　特色产品

（9）各类书籍

众多调查数据显示，网上销售书籍是非常合适的一项选择。事实上，最早开始在网上销售的商品中就包括书籍，如“亚马逊”这个著名的电子商务网站，最初就是以网上销售书籍发家的，如图 3-9 所示。

图 3-9　书籍

优势：

①买卖双方的操作都很便捷。

②可低于市面价格。

劣势：

必须要有相当程度的价格优势。

（10）男士精品

当今，购物早已不是女性的专利，许多男士也开始对网上购物青睐有加。皮带、钱包、手表、打火机、烟具烟嘴、瑞士军刀等商品，因其显示男士独特品位的商品定位，在网上已相当畅销。

优势：

受到男性中时尚群体的青睐。

劣势：

必须具备相当程度的特色和品位。

当然，随着时代的发展、经济环境和消费理念的变化，网上的热销商品也会随之变化。然而，无论选择经营哪种类型商品的网店，只有掌握核心要点，适时选择竞争力强大的商品，才能立于不败之地。

第二节 商品的货源

一、优质货源

对所要销售的商品做出选择后，便要开始寻找货源。相对于销路，货源才是网上开店最需要担心的问题。低成本是保障网店的利润空间的重要因素。要掌握网店经营的关键，必须获得低价而优质的货源。

例如服饰类商品，部分知名品牌在全国都是统一价格，在一般的店最多只能打八五折，而在网上商铺中，服饰类商品的价格可低至商场价格的 2~7 折。关于怎样寻找物美价廉的货源问题，下面便列出几点意见，可供参考。

1. 普通批发市场

很多卖家都会忽略寻找货源最便捷的渠道，即各个地区为数众多的批发市场，而将注意力投向商品的原产地。其实，在商品的销售量没有达到一定标准的网店开设的最初阶段，当地的批发市场完全可以满足网店的需求。

网店进货的主要渠道之一便是批发市场。在我国各个地域，还分布着许多专门经营某一些类别商品的专业市场，这些市场通常都具有相当的竞争力。卖家若选择在当地的批发市场进货，那么在享受低廉进价的同时，也要注意一些问题。

首先，尽量从比较熟悉的商铺进货，这些店铺的店主不仅有可能给予更加低廉的价格，也可能主动提供商品质量的好坏和受欢迎程度等方面的购买意见。网店卖家最需要注意的是商品的质量问题，如果选择日用品或文具，应选择自己有过使用体会的。

其次，为了避免吃亏，在批量订货时要注意众多细节。谈价时，明确计量方式和单位，一定说清是一件还是一套、0.5 千克还是 1 千克的价格或盒装产品每盒的规格等。商定购买数量和总价后，应开出商品清单，并由双方确认，以便在取货时有所凭证。另外，事先购买或者向卖方索要少量的样品，在提货时进行仔细的检查和对比，看二者质量是否相同。

在批发市场中进货时，货源的稳定性也是必须要考虑的因素。有些网店卖家利用各种机会降低成本，如在试穿过程中对镜自拍而并不购买，然后将照片展示在自己的网店中。这种情况下，为避免出现网店中有客户需要购买时批发市场已经断货的尴尬局面，网店店主应事先和批发商确认此款衣服的实际库存。

优点：品种繁多，更新迅速。

缺点：库存不稳定，品质难以控制。

2. 网络代销

这种供应方式已经成为当今的一种网购潮流。供货商提供商品的文字和图片说明，顾客购买后，可由供应商直接发货。这种方式比较适合网上销售的新手，不必操心商品资料等问题，主要考验的是卖家的销售技巧。

选择这种进货方式，为避免纠纷，一定要注意的一点是关注供应商的信用和商品的质量。

优点：简单便捷，省去包括发货在内的众多环节，只需用电脑做一些操作，便可坐收佣金。投入资金最少，风险很低。

缺点：商品不经自己把关，品质难以控制；有时会出现因不够了解商品而与客户沟通困难的情况。

3. 品牌代理商

关注正规的品牌专卖店，也可能有所收获。然而，若直接与品牌经销商沟通，则需要大量进货。品牌越大，相对的价格折扣就越高，真正能赚到的只是返利，而且还有必须完成销售额这个前提。不过，若店铺已经具有相当的规模，打算正规化，那么，这将是个比较好的选择。

优点：渠道正规，货源稳定，不用考虑断货或质量等问题。

缺点：相对其他商品来说，价格较高，更新缓慢。

4. 各种展会、交易会

每一年，全国都会召开各种展会，涵盖所有行业，比如农博会、服装展等。这些展会所聚集的大部分都是厂商。因此，当生意已经有所起色，而苦于货源不够好的时候，参加相关产品的展会，接触真正一手货源，大胆和厂商真正建立合作，对长期发展壮大很有好处。

各个行业的展会，都会在相应的电子商务报公告召开日期。参加这种展会有个小窍门，要以专业人士身份参加，带好名片和身份证，让厂商感觉你是专业人士，谈生意就会比较容易。

优点：成本低，竞争力强，商品质量稳定，售后服务有保障。

缺点：一般不能代销，需要有一定的经营和选货经验，资金投入大，风险较大。

5. 关注外贸产品或 OEM 产品

此类产品的价格通常为正常价格的 2~4 折，如果有熟识的外贸厂商，这算得上不错的进货渠道。

在外贸订单剩余产品中有不少好东西，这部分商品大多只有 1~3 件，款式常常是明年或现在最流行的，而价格也很低，很有市场。

优点：款式和质量都有较大保证，而且不容易有很多同类竞争产品。

缺点：要找到合适的供货商比较困难。

6. 品牌库存积压

通常情况下，因为厂家急于处理，这类商品的价格通常是极低的，如果你有足够的砍价能力，可以用一个极低的价格买下，然后转到网上销售，利用网上销售的优势，利用地域或时空差价获得足够的利润。

优点：成本低，利润高。

缺点：具有很多的不确定因素，比如进货的时间、地点、规格、数量、质量等都不能受自己控制。

7. 市场清仓处理产品

密切关注市场变化，充分利用商品清仓打折也能够找到价格低廉的货源。就拿网上销售非常火的名牌衣物来说，卖家们常常在换季时或从特卖场里淘到款式品质上乘的品牌服饰，再转手在网上卖掉，利用地域和时空差价获得足够的利润。

8. 国外打折商品

除了国内，有条件的朋友也可将眼光放到国外。国外的一线品牌在换季或节日前夕，价格非常便宜。如果卖家在国外有亲戚或朋友，可请他们帮忙，打出诱人的折扣在网上销售，即使售价是传统商场的 4~7 折，也还有 10%~40%的利润空间。

9. 其他货源

(1) 跳蚤市场

可以选择跳蚤市场或二手市场。跳蚤市场是个人闲置物品出售的场所，淘宝、易趣等 C2C 网络交易平台本身也具有这样的功能。店主在销售自己闲置物品的同时，可以在跳蚤市场上淘到价廉物美的商品，通过自己的网店销售给其他需要的人。将跳蚤市场作为货源，一定要注意商品品质，并在销售时说明商品的实际情况，限定售后服务要求。

(2) 店主自制的产品

在网店中，不乏店主自制的商品。这些商品主要包括两类，一是手工艺品，二是顾客定制或设计的单品。许多店主是利用自己的业余时间，制作手工艺品来进行销售的，主要包括手绘的鞋帽、情侣T恤衫、扇子、布艺、编织、剪纸产品等。也有一些店主根据顾客的定制要求，为其设计名片、宣传资料等，经顾客确认付款后印制并寄送。

二、利用自身优势开拓的渠道

网店进货的渠道多种多样，但关键还需要店主发挥自身的优势去开拓。在这里，集中进行思考，还有哪些途径可以帮助找到具有竞争力的进货渠道。

1. 人际关系

不论是经营实体店还是网店，人际关系的重要性总是毋庸置疑的。在考虑进货渠道的时候，仔细想一想身边的熟人、朋友当中有没有和前面所说的外贸企业、批发市场、特产公司等有关系的，如果答案是肯定的，那就已经向成功迈近一步了。如果暂时想不起来，也没有关系，现在人们常说“人脉”，通过认识的人，总可以找到所需要的人。关键是在平时参加聚会、社交活动时，要多多留心、注意。对于希望将当地土特或特色工业产品作为进货选择的店主来说，可能机会就更多一些。正因为是当地的优势产品，自然吸引了许多本地居民在相关行业就业，会有许多人随着前几年的改革投身其中。因此，多在这些商品的销售市场中走走看看，很有可能就会遇见以前的同事、邻居，从而更加方便地建立起合作关系。

2. 专业经历

有许多成功的网店店主曾经在某个专业有过工作经历。开网店不论是“转行”还是“兼职”，专业经历往往都是一笔难得的财富。在进货时，工作中建立的关系、人脉能够帮助我们找到具有一定优势的渠道，识别商品质量时也会更有经验；在选择进货品种时，能够根据自己对需求的了解去控制数量，减少滞销的可能；在与顾客沟通时，也能够详细、准确地介绍网店经营的产品。对于技术相关行业，专业经历就能成为网店经营的重要资源。

3. 收藏爱好

收藏品是近来网上销售中发展比较快的一个领域，这是我们国家经济发展之后人民生活水平提高的标志。有许多网民开始考虑从网络上购买藏品，以邮票为代表，过去是“踏破铁鞋无觅处”的，而今在网络上就能轻松找到了。通过开网店可以与其他店主互通有无，成套的藏品也将更有价值。如小人书、连环画、古旧书籍等，同样存在着很大的市场，甚至是海外市场。家里有许多藏品，并且愿意与喜爱的人交流的店主，不妨选择在网店经营收藏品。

4. 与实体店相结合

网店与实体店相比具有自身的优势，但若周围有亲戚朋友已经在经营实体商店，则完全可以将网店经营与实体店联系起来。实体店经营固定，顾客信任度高，但缺点是辐射范围有限；网络营销效果好，但顾客往往担心虚拟平台的信誉问题，而一旦有实体店作为依托，就可以放心不少。

《现代营销（经营版）》杂志曾经报道了这样一个案例：上海的一位高先生在经营“麦子熟了”实体饼干店的同时，在网上的手工饼干店也得到了网民的欢迎。高先生认为，美味的包装，可以具备艺术品特征；饼干具有 1 个月左右的保质期，是食品当中相对较长的。

他的饼干店在不到 2 年的时间里，开创出一个新的市场，为其带来每月至少 3000 元的收入。同时网上开店还为他传播了实体店铺的品牌。目前，上海已经有了“麦子熟了”的加盟商，浙江和江苏也有商家在通过网络了解“麦子熟了”饼干之后要求开连锁分店。总之，作为店主，要有一双发现市场的慧眼，善于发现商机。

第四章 网店的美化与管理

第一节 网店环境的美化

让浏览者留下深刻美好的印象，体现店主的专业的水平和优良的素养，这些首先要靠一个美观、大方的网店页面来实现。

（一）图片获取渠道

以下 4 种渠道是网店获取图片的主要方式。

①网络搜索。

②从商品厂商的官网下载。

③扫描产品手册中的图片。

④数码相机拍摄后上传。

（二）图片拍摄

在对商品进行拍照的时候也要讲究一定的技巧，具体如下。

（1）保持稳定

在拍照的时候，一定要保持相机的稳定，避免相机晃动，双手握住相机，将肘部抵住胸膛，也可以靠在一个稳定的物体上面，心情保持放松，这样就能拍出图像清晰、效果不错的照片。

（2）太阳在身后

要想照出完美的照片，就要使光与影进行完美搭配，所以拍照的时候通常在光线充足的地方，使足够的光线能够照射到被摄主体上。通常选择在白天拍摄，摄影师背对着太阳，同时还要有一定的偏移，使光线能够照亮商品，突出商品的色彩和阴影，轻微的角度可以产生一些阴影，这样就能将宝贝的质地完美地呈现出来，这是最简单也是最好的拍摄手法。

（3）夸大部分

照下商品的全部不一定是最好的拍摄手段，要想使商品具有强烈的视觉冲击力，就要对商品的某个具有特色的地方进行夸大拍摄，只有这样才能得到符合心意的照片。

（4）选定拍摄方式

最常见的相机拍照方式是竖举和横举，举握相机的方式不同，拍摄出来的效果也是不一样的。如果想要强调商品的高度就可以采取竖举方式进行照片拍摄，如果想要强调商品的宽度就可以采取横举方式。

（5）变换拍摄风格

卖家在对商品进行拍摄的过程中，也可以不断尝试新的拍摄方法和风格，有时候这样做不仅能拍出不错的图片效果，还会收到很好的效益。

（6）添加参照物

每个卖家都想自己拍摄出来的商品拥有立体感，而不仅仅是一个平面。所以在拍摄的过程中，一些用于显示相对性的参照物可以适当地加入到相片中。最好通过对比，可以明确商品的大小。如可以用矿泉水瓶作为参照来拍摄毛绒玩具，这样毛绒玩具的大小，买家就可以很清楚了。

(7) 有针对性

由于商品的自身特性和销售特性存在差异，所以在拍摄的时候也要采用不同的拍摄手法。为充分展现商品的特征优势，在拍摄的时候要尽量根据商品的属性特质进行拍摄。

①拍摄透明物品：在拍摄过程中要将透明、纯净的特质着重表现出来。因为这种商品有一定的反射功能，所以一定要有干净的背景，最好在拍摄的过程中戴上白色手套，以免指纹留在拍摄物品上。光线不要直接照射在物品上，因为透明物品表面很光亮，容易反光。在对比较暗的部位进行拍摄的时候，则可以用反光板或者用白纸映衬，使透明物品看起来有立体感，画面均匀。

②拍摄反射物品：首饰类物品容易反射光线，四周的环境有时候可以在上面清晰地看到，在有明显色差的情况下会更加明显。所以在对此类物品进行拍摄的时候，色差较小的环境是比较适宜的拍摄环境，拍出来的效果也较好。

③拍摄服饰类物品：在拍摄细腻质料服装的时候应该打光；拍摄粗糙质料服装的时候应直接打光，这样就可以尽量挽回质料差的缺陷。衣服刚进购的时候本身会有折痕，整体并不是很舒展，在拍摄之前可以先用熨斗将其烫平，之后再进行拍摄，将会取得很好的效果。

(三) 商品分类及图片美化

适当对商品进行分类或将图片做成动画效果来美化商品，对提高销售率将会有很大帮助。

1. 商品分类

对商品进行分类，就是在自己的店铺中设置货架。将商品分门别类，这样浏览网店的买家就会对店铺的商品一目了然，不仅能很快找到自己想要的商品，还会认为店主是一个非常细心、有条理的人，进而就会产生好感，并经常光顾店铺。卖家根据自己的商品理念、经营策略来对商品进行分类，通常没有什么规定，但在对商品进行分类的时候，不仅要清晰、明白，同时还要具有“新”与“变”的特质，只有这样才会受到买家的青睐。

2. 图片美化

可以使用图像处理软件对拍好的商品照片进行一定程度的美化加工，图像处理软件可以将水印打在商品图片上，水印可以将店铺标志、店铺名字以及店铺地址等信息包含在里面。这样给买家的感觉就是该店铺非常专业，对店铺的推广十分有利。

如果美化加工图片的时候，使用的图像处理软件是 Photoshop CS3，其具体操作步骤如下。

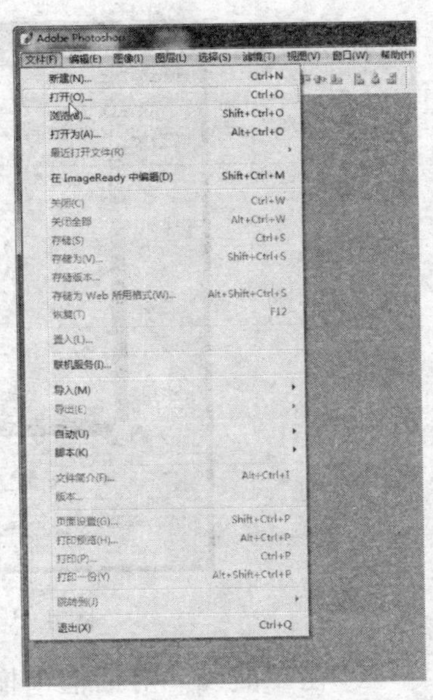

图 4-1　Photoshop 操作界面

①打开 Photoshop CS3 软件，单击“文件”→“打开”，进入 Photoshop CS3 操作界面，如图 4-1 所示。

②在“打开”对话框中找到如图 4-2 所示的商品图片并选中，单击“打开”按钮。

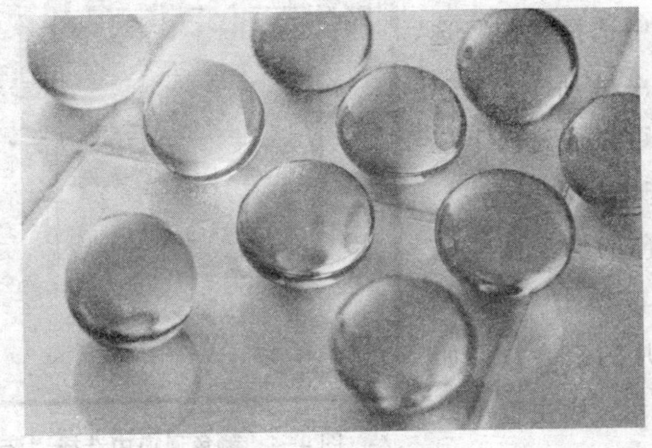

图 4-2　商品图

③单击“图像”→“调整”→“曲线”，弹出如图 4-3 所示的“曲线”对话框。

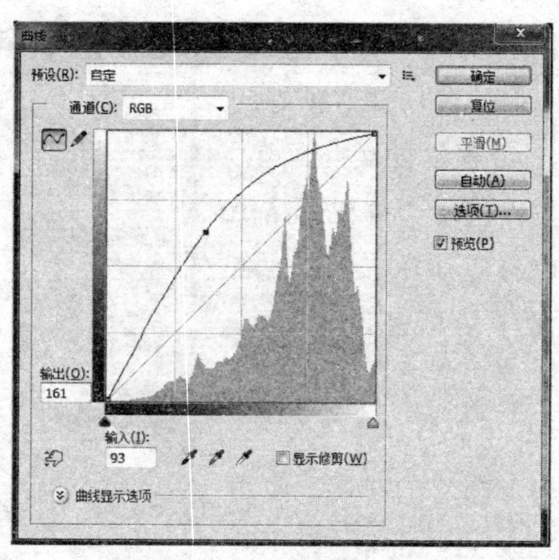

图 4-3 “曲线”对话框

④在“曲线”对话框中拖动曲线句柄，这样就可以对图片的明暗度进行调整，选中“预览”复选框就可以对调整后的图片效果进行查看，合适之后单击“确定”按钮。

⑤用相同方法再次打开“曲线”对话框，在其颜色通道中选择“蓝”选项，如图 4-4 所示，要想减少蓝色可以通过向下拖动句柄实现。

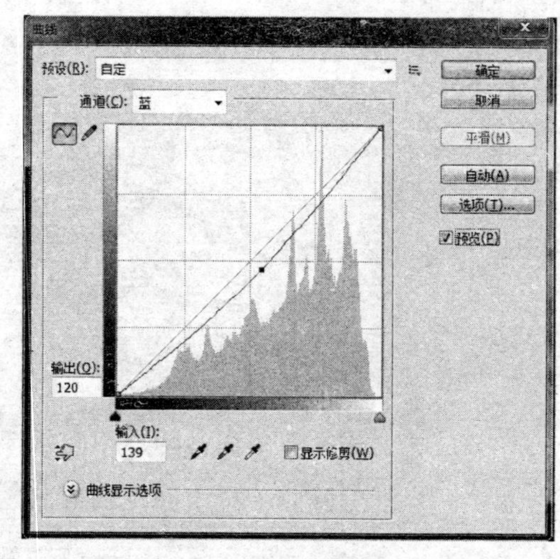

图 4-4 颜色通道中选择“蓝”

⑥颜色的深浅调整好之后就可以单击“确定”按钮，图片的最终效果如图 4-5 所示。店主也可以根据自己的具体需要将一

些花纹、水印等添加在图片上面。

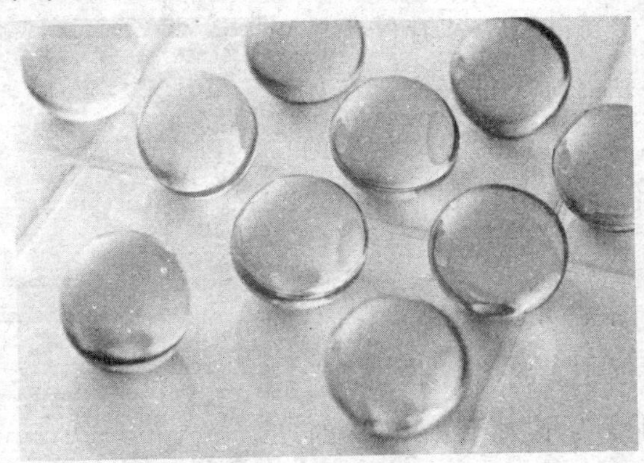

图 4-5　图片最终效果

3. 商品图片的尺寸设置

在淘宝网上上传的商品图片可以使用 JPG 或 GIF 格式，图片尺寸建议设置为 500×500 像素，商品图片大小限定在 120KB 以内。

如果要对图片进行大小设置，图像处理软件 Photoshop CS3 同样也可以进行，具体操作步骤如下。

①打开 Photoshop CS3 软件，单击“文件”→“打开”，进入 Photoshop CS3 操作界面。

②在“打开”对话框中将需要修改的商品图片找到，单击“打开”按钮。

③单击“图像”→“图像大小”，如图 4-6 所示，在“图像大小”对话框中选中“约束比例”复选框，将适合的数值输入“宽度”文本框中，这时候图片的宽度就会进行自动调整，合适之

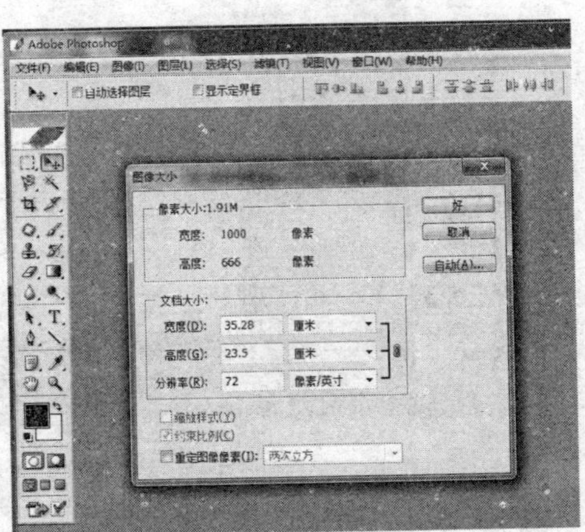

图 4-6　“图像大小”对话框

后就可以单击“确定”按钮。

④单击“文件”→“存储为”，将图片储存到目标文件夹中。在如图 4-7 所示的“存储为”对话框的“格式”下拉列表中选择“JPEG”选项，单击“保存”按钮。

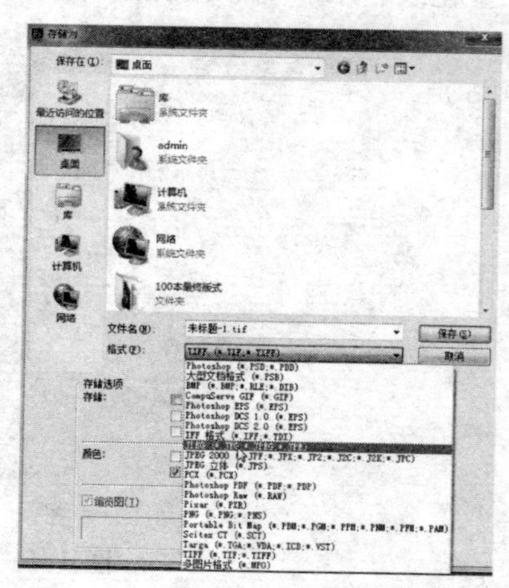

图 4-7 “存储为”对话框

⑤在如图 4-8 所示的“JPEG 选项”对话框中，将“图像选项”下的滑块调整为不大于 120KB 的数值。

⑥设置好后，单击“确定”按钮，商品图片就可以进行重新保存。

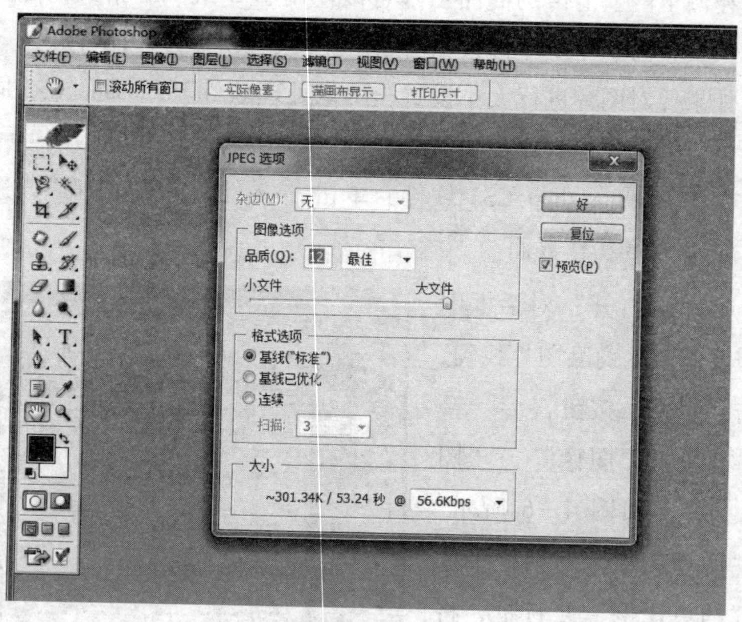

图 4-8 “JPEG 选项”对话框

（四）店铺挂件和背景音乐

在装修网店的时候，店主也可以将一些小挂件和背景音乐添加到上面，这些虽然是辅助配饰，却能让小店“蓬荜生辉”。

1. 添加店铺挂件

在淘宝网店中主要有两个地方可以添加店铺挂件，那就是公告栏和商品分类。下面以安装公告栏挂件为例，对其操作步骤进行具体介绍。

①将设计制作好的挂件图片首先上传到网络相册中，并获取相应的图片网址。

②进入“我的淘宝”页面，单击“我是卖家”栏下的“管理我的店铺”超链接，在“店铺管理平台”页面上单击“店铺装修”链接，进入页面之后就可以对店铺进行装修，如图 4-9 所示。

图 4-9 店铺装修页面

③单击“店铺公告”后的“编辑”按钮，在“店铺公告设置”对话框中单击“编辑 HTML 源码”按钮，如图 4-10 所示。将代码“<img scr=“图片地址”style=left:20px;position:relativeltop:opx/>添加到店铺公告代码后面，如图 4-11 所示。“图片地址”用网络相册上的挂件图片地址（URL）更换。单击“确定”按钮，挂件添加就完成了，如图 4-12 所示。

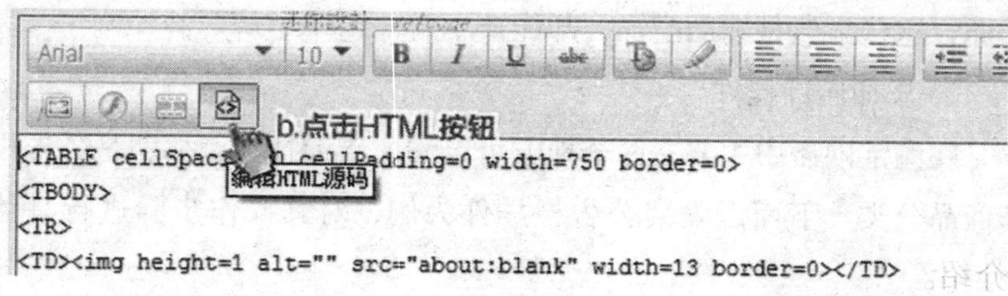

图 4-10　单击“编辑 HTML 源码”按钮

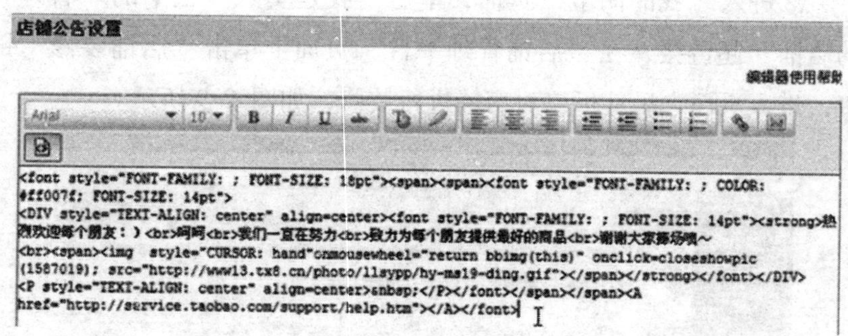

图 4-11　将代码添加到店铺公告中

图 4-12　添加挂件后的公告栏

2. 添加背景音乐

要根据店铺风格添加适当的背景音乐，添加的时候一定要有针对性，不要随意添加，当前流行的音乐可以作为背景音乐。通常轻音乐是比较建议添加的，这样主要照顾到了大众的感受。音乐文件大小要适当，Midi、MP3 等格式都是可以采用的。

（五）独特的宝贝分类

可以按照店主要求将淘宝店铺中的一些模板设计成个性化的页面，如对商品进行分类的模板就可以设计成两种形式，主要是图片版分类和文字版分类。图 4-13 所示即为图片版的宝贝分类，图 4-14 所示即为文字版的宝贝分类。这里主要对图片版商品分类的制作方法进行介绍，操作步骤具体如下。

宝贝名称	价格	所属分类
特价包邮 艾雨晴2014夏季新款条纹松紧腰中长款雪纺连衣裙9815	¥180	
特价包邮 艾雨晴2014夏季新款渐变色V领宽松雪纺连衣裙312	¥126	
特价包邮 艾雨晴2014夏季新款条纹中长款雪纺百褶连衣裙9808	¥162	
特价包邮 艾雨晴2014夏季新款纯色无袖大摆雪纺长款连衣裙9823	¥162	
特价包邮 艾雨晴2014夏季新款彩色条纹短袖收腰雪纺连衣裙9829	¥171	
特价包邮 艾雨晴2014夏季新款彩色竖条纹长款雪纺连衣裙9813	¥180	
特价包邮 艾雨晴2014夏季新款短袖印花裙雪纺连衣裙9810	¥180	
特价包邮 艾雨晴2014夏季新款短袖条纹不规则裙摆雪纺连衣裙9827	¥171	
特价包邮 艾雨晴2014夏季新款印花裙无袖背心中	¥180	

图 4-13 图片版的宝贝分类

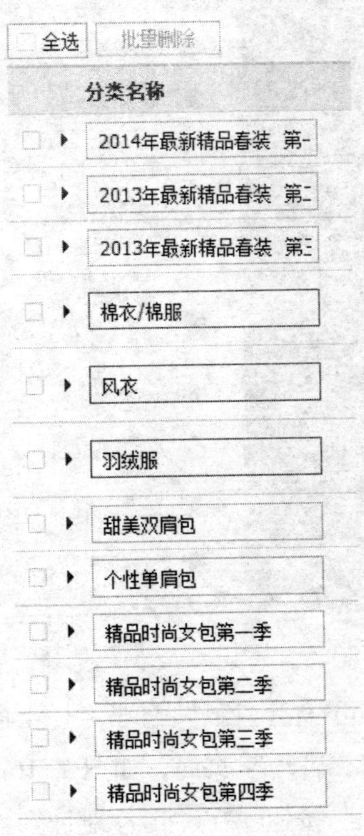

图 4-14 文字版的宝贝分类

①先准备一张图片作为宝贝分类。可以是网上下载的图片，也可以是自己制作的图片。作为分类的图片最好不要超过 150 像素的宽度，为了使图片看起来美观，图片的长宽比例应尽量控制在 3∶1 左右。

②获取图片的 URL 地址。将图片的 URL 地址复制粘贴到“宝贝分类”中“图片地址”文本框中，之后才能进行图片上传。进入“我的淘宝”页面，单击“我是卖家”栏下的“管理我的店铺”链接，即可进入店铺管理平台页面，如图 4-15 所示。

图 4-15 店铺管理平台页面

③单击“宝贝管理”栏下的“宝贝分类管理”链接，进入“宝贝分类管理”页面，如图 4-16 所示。单击“寻宝地带”后的“编辑图片”按钮，在“图片地址”文本框中粘贴获得的图片 URL 地址，如图 4-17 所示。

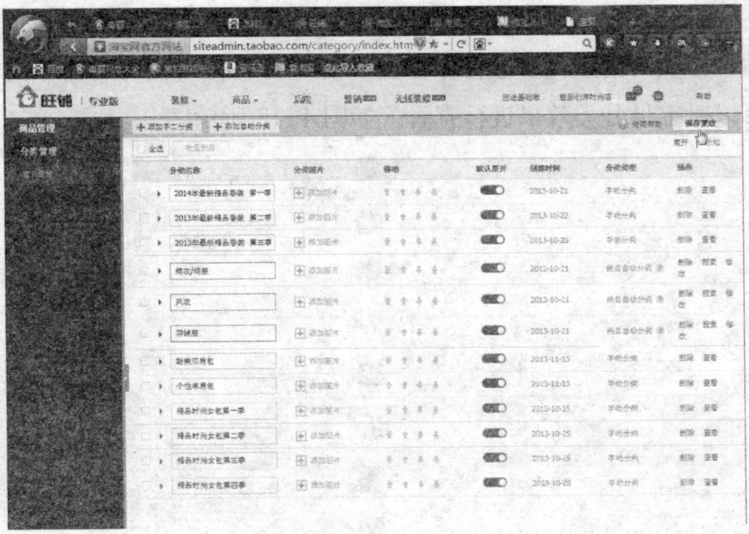

图 4-16 宝贝分类管理页面

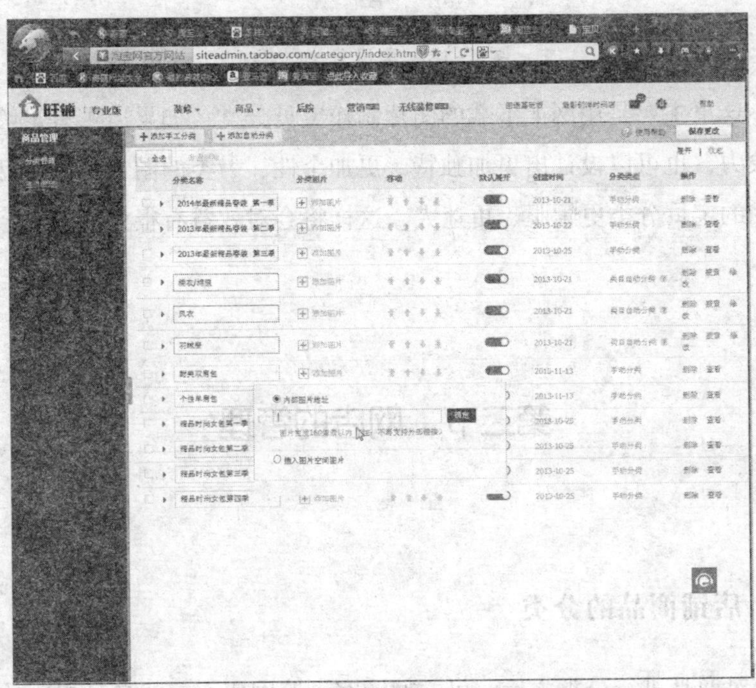

图 4-17 粘贴图片的 URL 地址

④将其他宝贝的照片添加到宝贝分类中。单击“保存”按钮，页面中修改的信息就会进行保存。单击页面上的“我的店铺”链接，就可以对宝贝分类效果进行查看，如图 4-18 所示。

图 4-18　宝贝分类效果

这里主要是用网上下载的图片制作宝贝分类，如果店主有足够的想象力，也可以设计出更加独特，更加个性、另类的图片，使自己店铺中的宝贝分类更耀眼、更迷人，这样将会对效益有很大帮助。

第二节　网店的管理

一、店铺商品的分类

对商品进行分类之后，可方便顾客浏览网店，寻找自己想要的商品，利于商品的销售。分类清晰明确，不仅能够引导顾客单击浏览其他同类商品，尤其是那些做出购买决定的买主，而且顾客也会认为该网店的店主是一个贴心且勤于管理的人，会在其心中有一个好印象。

对于店主来说，商品分类同样有很多好处，网店各类商品的经营情况店主能够通过商品分类一目了然。对于服装、化妆品等商品尤其管用，商品进行分类之后，店主就能很清楚地知道哪些商品销售情况较好，从而对下次进货进行必要的调整，提高网店的经营效益。

1. 设计个性化分类

在网络平台发布商品的时候，需要根据“淘宝”“易趣”等网站的商品分类办法对商品进行分类定位。店主很容易发现，不同网站之间的分类方法不尽相同。事实上，按照不同的分类方式，商品本身就可以分为很多种类。所以在进行分类的时候，店主可以根据自己的具体需要，设计不同的个性化的分类方式。

如对服装进行分类，根据穿着年龄和性别，主要有童装、男装和女装之分；根据穿着用途进行分类，有运动装、休闲装和正装等。有些顾客在挑选衣服的时候还会根据色彩来进行搭配，这时候店主就可以将服装按照颜色分为冷色调、暖色调等类型。此外，许多店主还会采用品牌分类，这也是比较常用的一种分类方法。

如今在网上销售的服装，其分类办法已经越来越个性化。有的将新装上架时间作为分类的重点，如“4 月 18 日更新服装”等，这样新进的商品就会让经常光顾网店的顾客很方便地看到。有的将某种专门类别突出出来，如“韩版女式牛仔”“25 元纯棉 T 恤”等，将店铺经营商品的特色展示给顾客。

个性化分类也可以成为店主的促销手段，例如直接设置“低价促销”类、“店主推荐”类、“近期热销”类等。由于每个分类下商品的数量并没有受到限制，因此许多店主也会选择使用这样的分类方式来进行促销。

由上述可知，网点在对商品进行分类的时候，不一定要完整、严密，设置的主要方式就是按照顾客查找商品的主要习惯以及店铺经营的实际情况。分类的商品可以交叉、重叠，有时候一种商品可能在几个不同的类别中同时包含，通过不同的关键词搜索都可以找到该商品。在“淘宝网”“易趣网”上现在已经能够支持这样的交叉分类，同样这样的分类方法也更能满足网店经营的特色和需要。

注意，网店在对商品进行分类的时候，要尽量避免采用“其他”项或类似的词语，如果一些商品确实难以分类，也可以通过采用一些比较笼统的说法来进行分类，如“淘宝区”“低价区”等，吸引顾客的眼光，提高单击率。

2. 分类与归类管理

在“淘宝”“易趣”等网络交易平台上，已经为店主提供了对商品进行分类管理的功能。

(1) 在“淘宝网”进行类别管理

①登录“淘宝网”并进入“我的淘宝”，在“我是卖家”栏中找到“管理我的店铺”，单击进入店铺管理平台，就会出现如图 4-19 所示的界面。

图 4-19 进入“宝贝分类管理”平台

②将鼠标点在“宝贝管理”上停留片刻，“宝贝分类管理”的链接就会在下面出现，单击打开，会出现如图 4-20 所示的页面。

图 4-20 淘宝网“宝贝分类管理”页面

③完成大类的添加。单击“添加手工分类”按钮，这时候网站就会出现新的一栏，将分类名称输入其中。输完一个以后，如果还要继续分类，则可以继续单击“添加手工分类”增加栏数，直到将所有的商品都分类完毕，然后单击“保存”，如图 4-21 所示。

图 4-21 在淘宝网“宝贝分类管理”页面添加大类

④添加子类。找到需要添加子类的项目，单击所在行上的“添加子分类”的图标，在相应大类下面就会出现新的一栏，将子分类名称输入其中，如图 4-22 所示。通过重复单击“添加子分类”就可以不断增加子分类栏的数量，直到将全部的商品都分类完毕。

+添加手工分类 +添加自动分类

全选 批量删除

分类名称	分类图片	移动	默认展开	创建时间	分类类型
2014年最新精品春装 第一季	添加图片			今天	手动分类
新款连衣裙	添加图片			今天	手动分类
短袖	添加图片			今天	手动分类
添加子分类					
2013年最新精品春装 第二季	添加图片			今天	手动分类
条纹连衣裙	添加图片			今天	手动分类
方格连衣裙	添加图片			今天	手动分类
添加子分类					
2013年最新精品春装 第三季	添加图片			今天	手动分类
女薄中长款	添加图片			今天	手动分类
女外套长款	添加图片			今天	手动分类

图 4-22 在淘宝网“宝贝分类管理”页面添加子分类

⑤对分类进行及时调整、优化。完成商品分类之后，店家还需要对商品分类进行优化和调整，主要内容包括修改分类顺序、添加图片分类、删除分类等。

如果要调整分类的顺序，单击每一项所在行上的上下小箭头就可以实现，网店的页面上体现的就是这个顺序，如图 4-23 所示。

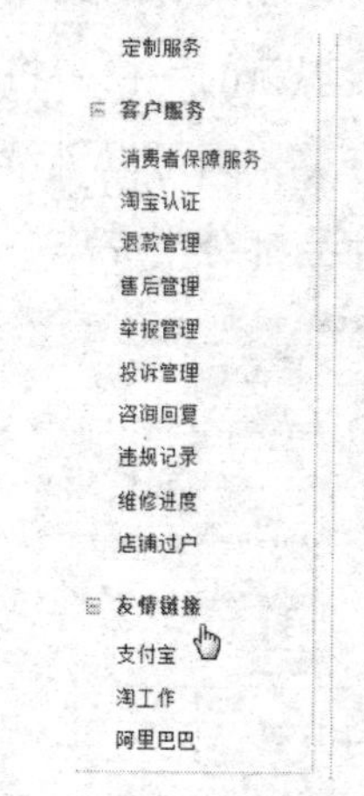

图 4-23 在“淘宝网”店铺页面显示的分类顺序

使用图片作为分类显示内容在“淘宝网”上是可以实现的。单击“添加图片”，页面上会出现输入图片地址的区域，在这里，需要使用“外部图片地址”。

如果想将这个分类删除，会发现右侧有这样一个“×”的符号，可以实现删除。注意，不能直接删除含有子分类的大类，如果想将其删除，首先就要将其下的子分类全部删除掉。

⑥对商品进行归类。在管理页面的上部找到“宝贝归类”，单击，这时候电脑就会将已经发布的商品罗列出来。单击右侧“添加所属分铺页面显示的分类顺序类”旁向下的小箭头打开列表，刚才添加的分类就可以看到了。只要单击其中的某一项，该商品就被归类到相应的类别中了。如果一种商品同时属于几个类别，依次单击添加即可。单击相应分类后面的“×”就可以将某种商品从一个分类中移出，如图 4-24 所示。

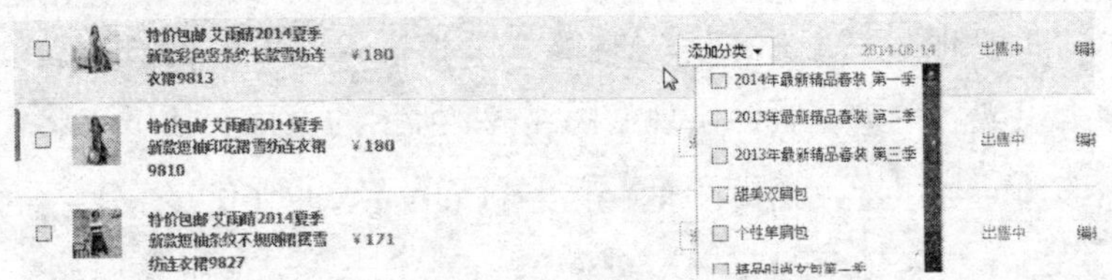

图 4-24　在淘宝网“宝贝分类管理”页面给商品归类

注意，不能将商品直接归入某一大类；同时，已经归入大类的商品，如果再进一步添加子分类时，商品就会自动移出，这时候要对其进行重新分类。

(2) 在“易趣网”进行类别管理

在“易趣网”上对商品进行分类的时候，一件商品只允许同时属于两个类别。以下是主要操作步骤。

①要想进入商品分类管理页面，就要通过单击“我的易趣”“店铺管理”来实现。

②添加分类。单击“新增分类”，这时候出现的网页会出现 5 个分类的输入区域，单击“新增更多分类”来增加类别数，将所有的类别输入之后，单击“保存”即可。

③回到步骤②的页面，将编辑、删除商品分类和分类排序等操作

完成。

④单击“物品归类”，可以看到“易趣网”允许同一种商品归入两个类别之中。

二、店主推荐的商品

顾客在购买商品的时候，其中一个重要的参考就是店主推荐。在网购的过程当中，虽然交易双方不能进行面对面交流，但店主可以通过网络交易平台提供的途径将某些商品推荐给顾客。

1. 在“淘宝网”上向消费者推荐商品

这并不是一项很复杂的操作。首先进入店铺管理平台，将鼠标停在“宝贝管理”栏上片刻，这时候“掌柜推荐宝贝”的选项就会在页面上出现，单击，就会出现如图 4-25 所示的页面。接下来将需要推荐的商品找出来，单击“推荐”，就已经完成了所有的操作。

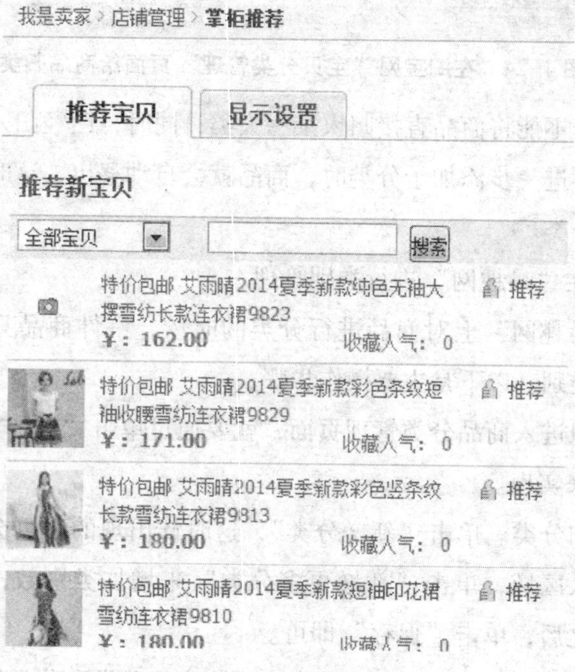

图 4-25 在“淘宝网”推荐商品

完成推荐操作之后，被推荐商品的列表就会在页面右侧出现，还可以从列表中删除已经被推荐的宝贝，如图 4-26 所示。

已推荐 3 个宝贝

宝贝名称		取消推荐
特价包邮 2014夏季新款纯色无袖大摆雪纺长款连衣裙9823 ¥：162.00	收藏人气：0	删除
特价包邮 2014夏季新款彩色条纹短袖收腰雪纺连衣裙9829 ¥：171.00	收藏人气：0	删除
特价包邮 2014夏季新款彩色竖条纹长款雪纺连衣裙9813 ¥：180.00	收藏人气：0	删除

1/1 下一页

图 4-26 在“淘宝网”推荐商品

值得一提的是，“淘宝网”上还有一个十分重要的功能，就是“橱窗推荐”功能，在顾客的搜索结果或者商品列表中它可以让商品整体排前展示。这种策略主要是为了网店店主的商品推广，通过单击“橱窗推荐”，可以对“橱窗”进行设置。但“橱窗”的数量并不是无限的，新店铺一般为 10 个，如果交易额与信用度不断上升，或参加“淘宝网”的各种活动，就可以增加网店橱窗位的数量。

2. 在“易趣网”推荐商品

登录“易趣网”，进入“管理我的店铺”之后，单击左侧的“物品推荐区”，就会出现推荐商品的页面。推荐商品在网店页面上的显示位置就会很清楚地看到。正在销售的商品将会在下方显示，单击右侧“推荐此物品”链接，就完成了整个操作。

三、使用“助理”

通过前面的讲述，不难发现有很多操作步骤都是重复的，包括为网店添加商品、管理商品以及一些必须填写的内容。这时候就要找到一种方法来解决这个问题，以提高效率。如今“淘宝网”“易趣网”也都相应推出了它们各自的“网店助理”，通过这个助理，可以简化很多步骤，提高工作效率。

1. “网店助理”如何助理

“网店助理”实质是一个软件，它在商品发布信息设置等方面拥有比网站更加丰富的功能。要想使用“阿里旺旺”“QQ”等聊天工具，就要先下载并安装这些软件，之后才能使用；在使用这些软件的时候，只有通过网络才能实现网店信息的更新。“淘宝助理”“易趣助理”分别是“淘宝网”“易趣网”的“网店助理”。在一个电子商务交易平台上只能使用与之相关的“助理”，这是店主尤其需要注意的。

2. 下载使用“淘宝助理”

（1）“淘宝助理”的下载与登录

①将“http：//www. taobao. com/tbassistant/index. php”输入到浏览器地址栏中，按回车键就可以进入页面，单击“下载淘宝助理”链接，如图 4-27 所示。

图 4-27 “淘宝助理”下载页面

②运行刚才下载的文件，同意其中的条款，并一直单击“下一步”直到安装完成。

③通过“开始”菜单或桌面上的“淘宝助理”，打开“淘宝助理”，就会出现如图 4-28 所示的登录窗口。

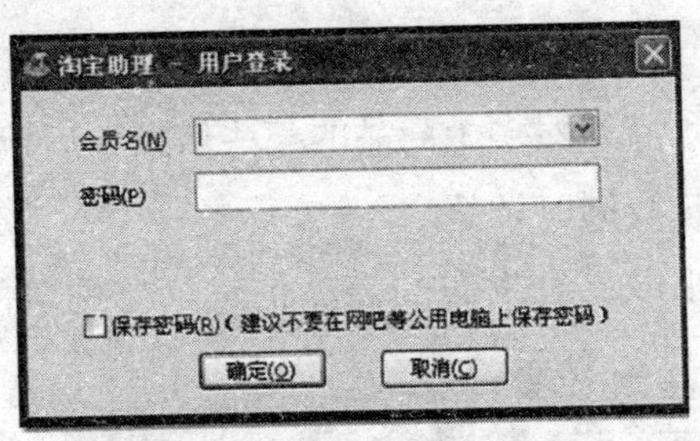

图 4-28 “淘宝助理”登录窗口

④将登录“淘宝网”时使用的会员名和密码输入其中，单击“确定”。如果是在自己的电脑上，可以勾选“保存密码”，这样方便以后直接登录。首次登录时，需要进行身份验证，选择“是”后继续进行操作。登录以后的窗口如图 4-29 所示。

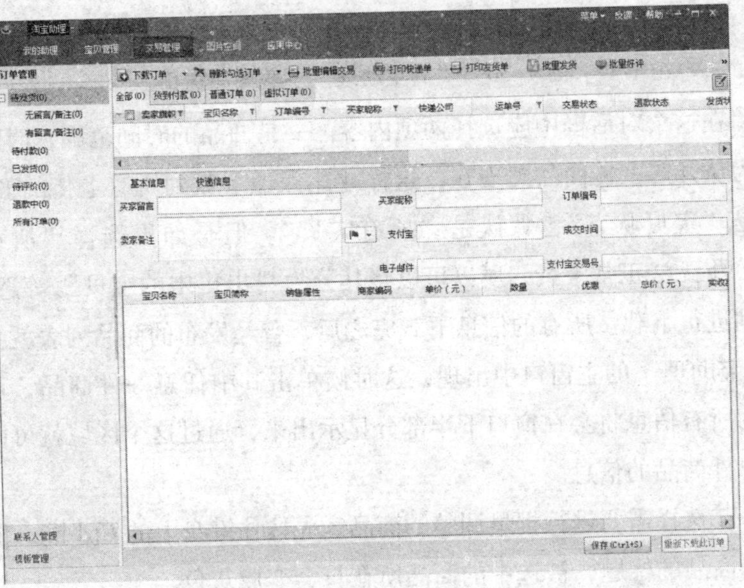

图 4-29 “淘宝助理”操作窗口

⑤单击“出售中的宝贝”前面的“+”，就可以对在网站上设置的商品分类进行查看。如果无法成功显示，就需要重新获取，只要单击工具栏上的“更新数据”即可。

(2)“淘宝助理”批量管理商品

“淘宝助理”顺利安装并登录之后，就可以用其来完成批量管理操作了。批量管理就是对多个商品的某些信息如运费、橱窗推荐、分类、新旧程度等进行同时调整。

①在电脑上下载已经发布的商品信息。首先单击“下载宝贝”，出现的窗口如图 4-30 所示。

图 4-30 “淘宝助理”下载商品窗口

在这个对话框中应选择两项内容。一是商品的时间范围，时间段应为从开店上传商品到现在，这样才能保证下载到所有上传的商品。二是“宝贝状态”，默认是“所有宝贝”。但是如果选择“所有宝贝”将无法正常下载，所以可以将其分为“出售中的宝贝”等选项，分别进行下载。所有的信息下载完之后，曾经发布的商品列表就会在“淘宝助理”的主窗口中出现，这时候单击其中任意一件商品，该商品的所有信息将会在窗口下半部分显示出来，通过这个区域就可以调整单件商品的信息。

②选择需要进行批量调整的商品。先按住键盘上的 Ctrl 键，依次单击商品的标题，被选中的商品所在行会变成灰色。

③打开批量编辑窗口。在选中商品的其中一行上单击鼠标右键，

这时候选单就会出现，在最底部找到“批量编辑”选项。

在“批量编辑”的子菜单中，可以修改的各项内容已经罗列出来。以修改平邮运费为例，单击“平邮邮费”。

④批量修改商品信息。先勾选“编辑”，然后在“新的价格”一栏将调整以后的运费输入。

⑤修改完毕以后，单击“保存”，就可以回到原来的主窗口。这时候就可以发现蓝色字体表示已经修改过信息的商品。

虽然在“淘宝网”网站上它们并不和其他商品信息在同一个管理页面进行调整，但是店主依然可以采取类似于③~⑤步的操作对商品的分类、橱窗推荐进行调整。

如果店主想要对商品分类进行调整，可以先在“批量编辑”中选择“店铺内类目”，在出现的窗口中勾选“编辑”，然后单击输入栏右侧的“……”按钮，在店铺设置的分类就会在电脑上显示出来。将相应项选中之后，单击“确定”，再将刚才的分类设置进行保存，商品的归类操作就完成了。

⑥将修改结果上传。在主窗口中将需要上传新商品信息的栏目全部勾选，勾选蓝色字体所表示的内容，然后单击“上传宝贝”按钮，单击“确定”，之后就是上传时间，稍等片刻即可完成。有时候可能会上传失败，原因主要有网络不稳定等，可以在网络不忙碌的时候再进行尝试。

（3）商品模板创建与批量添加

在许多地方需发布商品的信息如单件运费、所在地、新旧程度等其实都是一样的。如果将商品一件件发布到网页上，那么这些信息就需要不断重复输入，既浪费精力又浪费时间。使用“网店助理”提供的商品模板功能就可以将商品的一些共同信息进行组合，形成“模板”；当新商品需要发布的时候，在模板的基础上只要将其特有的信息添加上去，就会省去很多事情。

如何建立一个新的商品模板，首先要做的就是将一类商品的共同信息输入到其中，以下就是具体操作步骤。

①在窗口左侧找到“宝贝管理”，单击，就会出现宝贝管理的页面。

②在最左侧一栏的最下面找到“宝贝模板”，单击“所有宝贝”，就会出现创建模板页面。

这两步操作如图 4-31 所示。

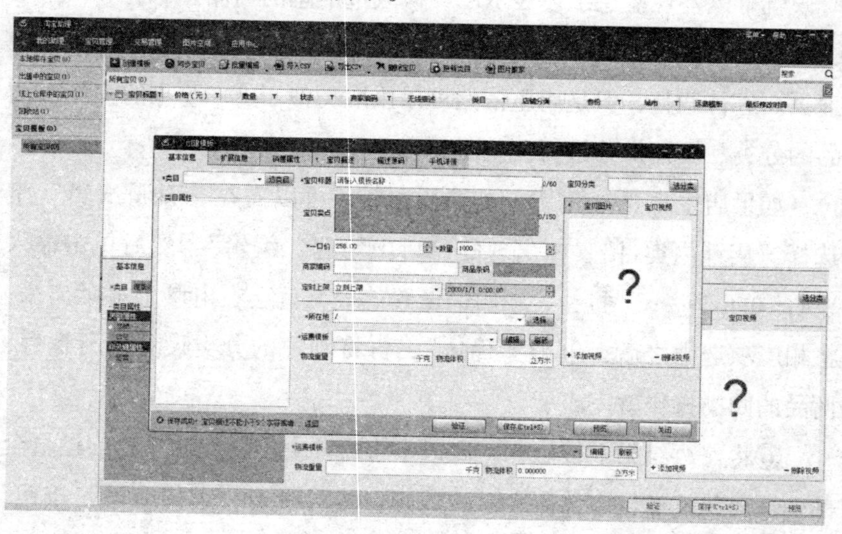

图 4-31 在“淘宝助理”中创建模板

③将商品信息输入到新模板当中。可将其操作窗口分为七个栏目，如图 4-32 所示，分别是“基本信息”“扩展信息”“销售属性”“宝贝描述”“温度计”“描述源码”和“手机详情”。基本信息和宝贝描述是店主主要编辑的内容。

在对基本信息进行编辑的时候，“宝贝标题”一栏需要将代表这一类商品共同特征的词输入，这就是模板的名称。在其他的栏目如“类目”“宝贝卖点”“店铺类目”，以及价格、数量和物流信息等，填写的内容也是这一类商品所共同具有的信息；对于不同内容，如宝贝图片等，可以先不进行填写。

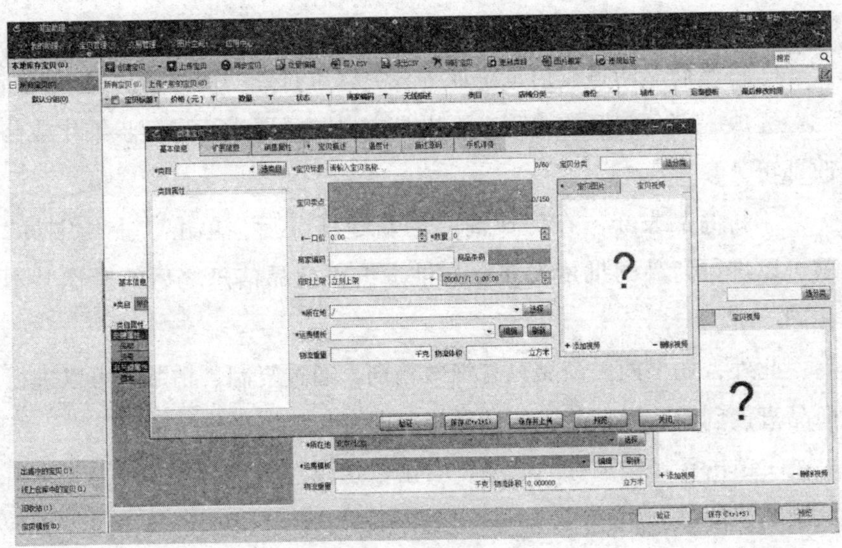

图 4-32 在"淘宝助理"中创建宝贝

"宝贝描述"与 Word 的编辑界面很相似。这里主要是将这一类商品共有的描述内容如销售信息、售后服务等输入即可。

"描述源码"实际上是一种编辑方式，这种编辑方式主要是用来进行宝贝描述的，该方式可以将更加丰富的内容加入到商品介绍中，但需要拥有一定的源代码知识。

④当编辑完成以后，就可以单击右下方的"保存"按钮。这时候会有一个对话框弹出来，提醒还有些信息没有填写完整，并将缺少的内容罗列出来询问是否保存。这些没有补充完整的信息就是商品的特有信息，模板不需要填加。单击"是"就可以进行保存。

完成以后，左侧的宝贝模板后面的数字就会变成"（1）"，单击，刚才新建的商品模板就会在主窗口出现。在工具栏上，单击"创建宝贝"按钮，这时候就会发现除了"空白模板"，刚才建立的模板名称也会在上面出现。

接着，刚才新建的模板就可以用来添加商品了，具体操作如下。

①单击"库存宝贝"，表示要新建的是商品信息。

②在工具栏上找到“创建宝贝”，单击，选择所用模板的名称。

③将该商品的特有信息添加进去。这里打开的商品信息输入页面已经完成一部分内容的填写，不再是空白，只要进行进一步细化或修改即可。

④新商品发布。在完成商品的新建任务后，单击“上传宝贝”就可以进行商品的批量发布，与批量编辑商品信息之后的操作基本相同。

此外，如果两件商品只有细微差别，通过复制、粘贴就可以进行商品直接创建，发布前进行稍微修改即可，具体操作步骤如下。

①单击已经添加好的商品，右击，选择“复制宝贝”，或者使用复制的快捷键。

②在空白处右击，选择“粘贴宝贝”，或使用粘贴的快捷键。

③将新建商品的信息修改过后，就可以上传了。

在使用这种方法的时候要避免“张冠李戴”，因为复制的商品本身信息要完整而没有空缺，所以在修改的时候一定要仔细。

3. 使用其他网店“助理”

“易趣助理”也拥有上述快捷功能，但是它们在使用的时候会有自己本身的特点，下面就简单介绍一下这两个网店助理在使用过程中的一些特殊之处。

(1)“易趣助理”的下载使用

通过单击“易趣网”底部“易趣助理下载”的链接来获得“易趣助理”，如图 4-33 所示。下载完成以后，安装很简单。

图 4-33 “易趣助理”下载链接

第一次运行“易趣助理”时，往往需要更新软件。更新完之后，“易趣助理”会出现登录页面，但同时会建议创建一个“本地用户”，如图 4-34 所示。

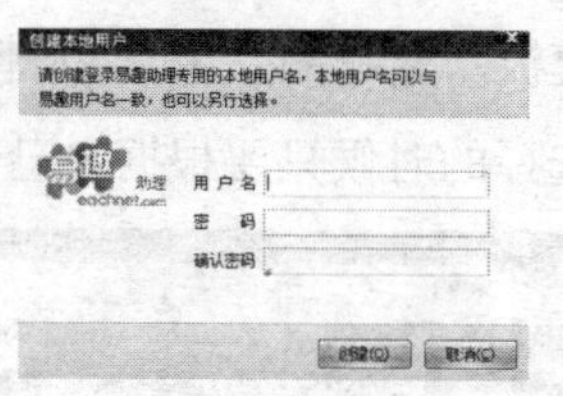

图 4-34 “易趣助理”本地用户创建

一台计算机在登录“易趣助理”的时候
就要用到“本地用户”。创建完成以后，选择“绑定易趣用户”。这样，在登录“本地用户”的同时也就登录了“易趣网”，之后就可以对网店进行管理了。

首次成功登录以后，系统会对分类列表进行更新。与“淘宝助理”有所区别的是，这里更新的内容主要是“易趣网”网站的商品分类，所以需要先将网店中已经发布的商品信息下载，要想获得自己的分类方式就要通过同步自定义分类。首先在工具栏上找到“下载物品”按钮，单击，在出现的窗口中对相应项目进行勾选，单击“下载”，如图 4-35 所示。

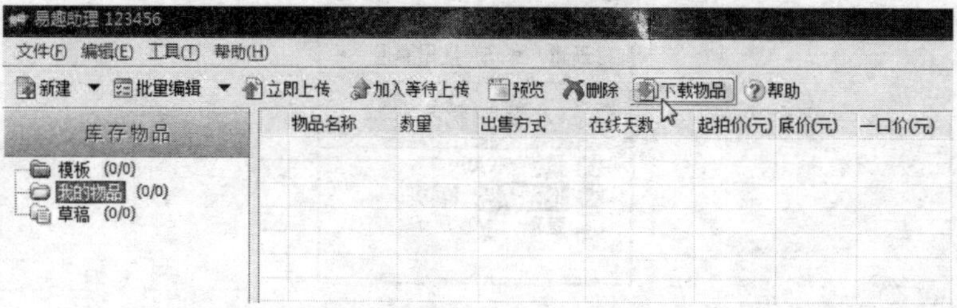

图 4-35 在“易趣助理”下载已发布商品的信息

商品信息完成下载以后，已发布的商品信息同样会出现在主窗口左侧的列表中。单击其中一个商品，在主窗口下侧的“物品信息”区域找到“同步分类”按钮，单击。稍等片刻，就可以使用自己设置的分类管理信息了。

与“淘宝助理”相比，“易趣助理”有更为明确的新建模板与商品的区分。单击工具栏上的“新建”按钮，就可以看到“新建物品”

“新建物品模板”“从模板新建物品”和“新建文件夹”四部分，如图4-36所示。在做相应选择的时候只要根据自己的具体需要就可以了。

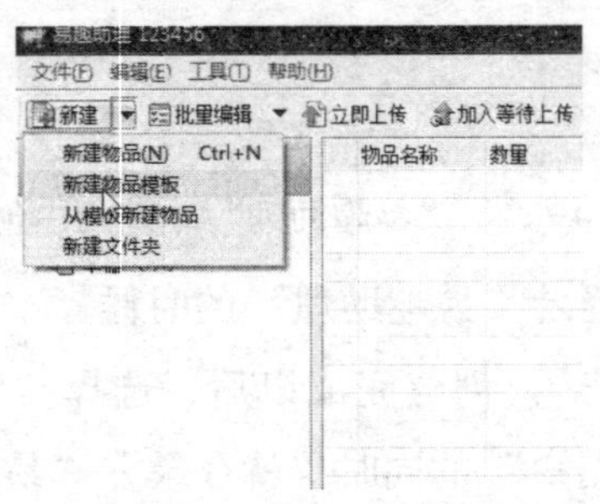

图4-36 “易趣助理”的新建按钮

“易趣助理”还有一个功能就是文件夹管理。它会将网店下载的商品按照时间顺序归入一个文件夹，通过查看这个文件夹就可以了解过去的商品发布情况。还可以通过单击“新建”菜单，在“我的物品”中建立一个属于自己的文件夹，重新命名，从而使得管理网店商品信息的需要得以满足，如图4-37所示。

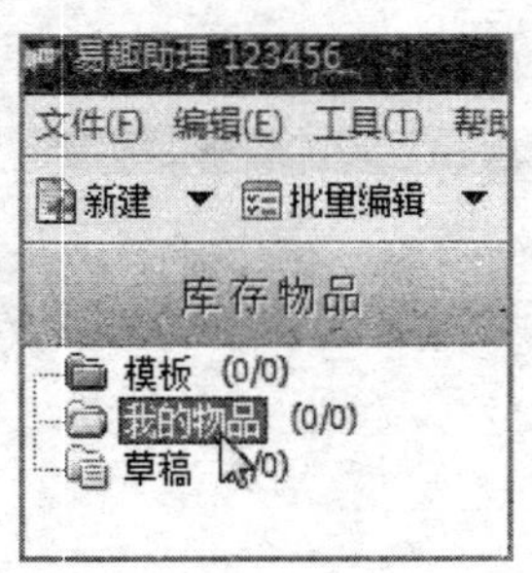

图4-37 “易趣助理”的文件夹管理

“易趣助理”同样具有批量商品编辑的功能，但编辑以后不会有特殊的颜色标示。但是，在顾客编辑完一个商品的信息之后，“易趣助理”允许立刻单击工具栏上的“加入等待上传”，并通过“上传管理”统一发布到网店。这个功能有一个明显的优点，就是可以避免编辑完多个商品之后再重新挑选时产生混乱，所以在使用的时候一定要充分利用该项功能。

第五章 网店的经营策略

第一节 店铺的推广

一、网络推广

1. 使用推荐位

想要推广自己的网店吗？使用“推荐位”，这种方式听起来很富有新意不是么？不过这是一项有成本的服务产品。例如淘宝网的丰十区，首页广告要50个银币，站内广告要30个银币，论坛广告也要20个银币。

而这些银币是可以通过在淘宝网的一些活动上赚取的，如发精华帖、参加淘宝社区活动等。因此，想要您的“银币多多”，就加快速度行动起来吧！

“淘宝商盟”，一个颇具影响力的团体组织。在这里，不同经营地区、产品类别的店主们不但可以申请加入相应的商盟，与同行业人员进行有效交流；与此同时，还可以扩大自身的社交面、知识面，在聊天的轻松氛围中获得经营中的小窍门。

商盟里会举办一些定期或不定期的相关活动，值得注意的是，诸多商盟在淘宝社区中占有许多特定的推荐位，因此，要想浏览量、商品成交量迅速提升的话，就应该积极主动地参加商盟活动！

预定广告位的开放时间要特别留意。因为在掌柜们赚取足量的银币后，便可以在广告位开放的时间段进行抢定优势的推荐位了，但根据推荐位的位置不同，开放预订的时间也就不同。

这里特别提醒一些过于精明的掌柜们，可能是他们深感银币来之不易，所以每次都抢订最便宜的推荐位。但不要忘了"一分价钱一分货"，在广告位的定价上更能充分体现这句话的道理。

好的推荐位（大流量的主页上面的"热商品推荐"的位置等）由于位置好，可为卖家带来更多收益，因此价位相对较高；虽说那些边缘位置的价格较低，但它难以达到广告效果和目的，最后只能是徒劳无果。所以众掌柜们想要物超所值，就应该使用好位置的推荐位。

除此之外，还有橱窗推荐位。顾名思义，橱窗推荐位就像实体店中的橱窗一样，可以摆放一些商品，从而吸引顾客的目光。但它又不可能展示店里所有的商品，因此，想看到更多的店内商品就不得不进到店里来。

例如，橱窗里只能摆放下 30 件，但店内总共有 1000 件商品，因此店主只能挑出店内最吸引顾客目光的 30 件商品摆在橱窗里。一旦顾客受到橱窗里商品的诱惑，自然进到店里来看其他的 970 件商品。吸引住顾客的目光就向成功迈进了一大步。

店主们要充分了解所在网络平台的搜索结果显示是按照什么顺序排列的，在利用推荐位做商品宣传的时候才能有的放矢，让自己的商品第一个出现在消费者眼前。

以淘宝网为例，如果顾客在淘宝网的首页用关键词搜索希望购买的宝贝，那么搜出来结果将按照以下的顺序进行排列：

①橱窗推荐位的商品。

②属于橱窗推荐的商品，但是该商品已经有90天未被人购买了。

③未被橱窗推荐的一般商品。

④一般商品中90天未被购买的商品。

而且，搜索结果只显示前100页商品，从第101页之后就会被省略掉。想要使自己的宝贝出现在最前面，掌柜们就要想些办法才能使成交机会最大化。

在推荐位推荐商品的时候是有一些小窍门的，如一定要推荐商品剩余时间最少的产品。因为排在商品搜索最前面是即将下架的商品，更容易被买家浏览到，也更容易吸引更多的买家来光顾你的店铺，可以起到事半功倍的效果。千万不要让推荐位空置，即当该商品下架之后，要立刻换上在线商品。

①选择吸引顾客眼球的商品。店主要珍惜推荐位的作用与价值，一定要推荐最好的商品。商品的照片不但要主题明确、图像优美，并且要提供多方位的效果照片，这样才可以更吸引眼球。

②要有良好的性价比。如果商品一般，可是价格却贵得离谱，只会带来负面影响。

③商品内容要描述清楚、详尽。只有顾客全面、清楚地了解到商品的优势，才有进一步购买的冲动。

④商品名称要全面。店主们在设置商品名称时，想要增加被选中关键词的机会增多，要尽可能多地在名称里包含商品信息。

⑤注意商品的关键字。中国幅员辽阔，区域化方言众多，自然在对事物的称呼上也不尽相同。如果在商品标注的关键词方面很方言化，就会影响商品被顾客搜索的概率，因此，要使用大众化的商品名称关键字。

⑥商品的推荐要时常更替，不要长期不变。为了吸引更多客户的关注，还要随着季节和节日的不同而推荐符合相应特点的畅销商品。

⑦商品上架日期要错开。要让顾客感觉店铺很有生命力，店主很

重视店铺的经营。因此要巧妙地将商品的上架日期错开。上下架的商品交错更迭，才具新鲜感和生命力。

⑧商品信息要在顾客高峰时发布。只有选择在人流高峰期发布商品信息，才能让更多的人看到自己的商品。如果觉得时间上不宽裕，“淘宝助理”可以帮助完成定时发布商品的任务。

⑨为了消费者更容易搜索到商店和商品名称，要设置一些关键字。而且把商品上架期限设为 7 天，如此可让商品有更靠前的排名。

⑩要经常关注被搜索的热门关键词语。店主应该时常关注搜索词语的变化。一般情况下，每 3 天左右这些词语就会发生一些变化。

2. 使用搜索引擎

搜索引擎是进行信息检索和查询的专业网站，也是网络爱好者们进行网络冲浪的首选。因此，要想在店铺推广和宣传上达到事半功倍的效果，就应在搜索引擎中注册自己的店铺。毫不夸张地说，店主注册的搜索引擎数目越多，店铺被访问的机会就越多，生意成功的机会也就会增多。

网络蜘蛛型搜索引擎和基于人工分类目录的搜索引擎为搜索引擎的基本形式。其内容和形式多种多样，包括搜索引擎优化、竞价排名、固定排名、关键词广告、网页内容定位广告、登录免费分类目录广告，这些适合在分类目录的类别中进行网站登录等。

随着现代网络技术的快速发展，又出现了其他形式的搜索引擎，但是，大多是以上述两类为基础的。

现在，随着越来越多的成功实例证明了使用搜索引擎能达到良好的推广效果，越来越多的店主已经意识到使用搜索引擎来进行网店推广的重要性。在使用搜索引擎进行注册和登记方面，也有不少窍门值得掌握。

（1）认真设置关键词

一定要注意搜索关键词设置，以及关键词的顺序排列。不要以为在搜索引擎中注册成功就万事大吉了。产品被搜索的排名会因关键词的排列顺序或者关键词设置的不同而受到影响。

（2）在 PR 值高的网站论坛多发信息

提交搜索引擎注册申请后，被搜索引擎收录需要较长时间。为了取得立竿见影的效果，店主可以到一些与自己经营范围相仿的并且 PR 值比较高的网站论坛发布信息，并且不要忘记使用活动的签名，因为这样的签名可以很方便地链接到你的店铺。

只有当你的店铺被链接的频率与数量增加了，才能使搜索引擎快速抓取店铺信息，从而被收录下来。由于搜索引擎对 PR 值高的网站进行的信息抓取比较频繁，所以在这类网站论坛发布了信息之后，可以有效增加店铺单击率和商品成交率。

PR 值，即 PageRank，网页的级别技术，取自 Google 的创始人 Larry Page，它是 Google 排名运算法则（排名公式）的一部分，用来标识网页的等级、重要性。级别从 1 级到 10 级，PR 值越高说明该网页越受欢迎。

（3）注册 Google Sitemap

在被搜索引擎自动快速抓取之后，可以通过注册 Google Sitemap 查询店铺被收录的情况。具体操作步骤为：首先进入 Google 大全，然后选择 Google Sitemap。方法简单，效果好。

（4）使用免费的注册工具

由于搜索引擎的现有数量非常多，因此在各大搜索引擎上进行手动注册的工作量会很大。如果一一手动注册，大量重复的工作会使人感到乏味，从而失去耐心。

其实，想要这项工作变得轻松简单并不难，只要从网上下载一个专门的免费注册软件就可以了。这样的软件只需几分钟，就可以帮助店主轻松完成数量庞大的注册工作。

（5）求助专业公司

那些对网络不太精通的店主，可以求助专业的网络推广优化公司。这些专业公司可以为店主的店铺做出专业推广方案，全力提高网店排名。只要网店排名靠前，店铺被搜索的概率就会大大增加。

那些老顾客或潜在顾客，在所搜索到的店铺里找到自己心仪而又物美价廉的商品，定会出手痛快而且大方，这样店铺的交易量自然就可以得到提升。

下面是一些大型门户网站免费搜索引擎登录入口，有兴趣的店主可以立刻行动起来。

①百度搜索引擎：http://www.baidu.com/search/url_submit.html。

②Google 搜索引擎：http://www.sowang.com/googleseaech.htm。

③新浪搜索引擎：http://bizsite.sina.com.cn/newtbizsite/。

④中国搜索引擎：http://ads.zhongsou.com/register/page.jsp。

⑤一搜：http://www.yisou.com/search_submit.htmL?source=yisou_www_hp。

⑥TOM 搜索引擎：http://search.tom.com/tools/weblog/log.php。

⑦搜狗搜索引擎：http://www.sogou.com/。

⑧网易搜索引擎：http://search.163.com/。

⑨天网搜索引擎：http://home.tianwang.com/denglu.htm。

3. 加入网店联盟

某一个城市的网店卖家或者某一类商品的网店卖家自由组成的联盟称为网店联盟。如想得到成立许可，就需要先向网站提出申请。在联盟的盟主定期举行的经验交流活动或者聚会中，不但能结识到很多有经验的卖家，还可以学到很多知识。因此，加入网店联盟是店家的不二选择。

以淘宝网首页或网店联盟的专门页面为例，它们能够让参加联盟的网店增加很多被展示的机会。

所以，加入网店联盟就等于加入了一个店主互助联盟。迅速获得大量有用信息和经验，对于经验不足的店主来说尤为重要，从而给自己的店铺注入大量新鲜血液和活力。

4. 互换友情链接

开办网店之前，店主就要为开店以后的人气提升做好准备。首先，在开店之前，即在网店市场考察时，便要留意并收藏一些与之相关的店铺，尤其是那些流量大、人气旺的店铺。

接下来，在店铺开张后，就要与那些实力强大的成熟网店进行沟通、商议建立友情链接的事宜。不过，可能会有许多经营规模大的成熟网店会拒绝小店铺的友情链接的请求，甚至表示不屑。即使在一开始就遭到冷遇，也不要气馁。“精诚所至，金石为开”，只要抱着一颗诚心，用友善的态度与这些成功的店主虚心沟通，向对方简单描绘自己的未来规划，让对方感觉到你的真诚与努力。相信用不了多久，你的店铺链接就会出现在越来越多的站点上，宣传范围一定可以一增再增。

如果无法与那些大型网站建立友情链接，便要先强大自己。先要努力认真地把店铺经营好，进一步完善好，等到积攒了一定的单击率之后，再去跟他们洽谈建立友情链接的事，成功的可能性就会增加不少。

店主们一定要耐心且认真地做好每一个链接。因为一般的网店都有几十个友情链接，但千万不能轻视任何一个，只有珍惜每一次机会，才能将成交量最大化。

值得注意的是，店主们要尽量和商品互补类店铺建立链接。在所有的友情链接都做好之后，通过网店之间链接会形成一个小小的商铺网络，它既可以相互增加单击率，又可以形成商品互补：第一，不会形成恶性竞争；第二，可以成为对方有益的必要补充，使消费者进行“伞面、一站式”购物成为可能。

在彼此信任的基础上，可以与友情链接的店铺联手搞一些促销活动。如卖女装的店铺可以和卖首饰的店一起联手，买够 600 元就可以购买60元超值首饰一个，或者买够800元，赠送首饰一个，然后店主再进行利润分配。上述仅是举个例子而已，经营者可以根据各自的具体情况，采用各种方式进行联手营销。

对于新店主来说，在找寻满意的友情链接方面，可能会有一些难度。但要知道，这是在所难免的，切不要心浮气躁，要有耐心。认真仔细浏览大量的友情链接是必要的，如果匆匆忙忙、马虎大意地进行友情链接，不但不会达到友情链接的真正目的，对浏览量的增加也不会产生很大作用。

店主们千万注意，只给那些大型网店做单项链接并不会有实际作用，只有让大型网站添加了自己的店铺，才可以给自己的店铺增加单击率。

5. BBS、论坛、社区宣传

其实，进行店铺宣传有很多种办法。如到论坛或者BBS发言。有些店主可能会认为，不专心经营店铺，而跑去泡论坛，简直就是不务正业。事实上，几乎每个文化论坛都有个人签名栏，如果店主们不论是以文字的形式，还是图片的形式，将标有自己联系方式的网店地址设计上去，它都可以在你发帖子或者给别人回复帖子时自动显示在下面。这种方式既可以以个性方式展示自己的店铺，宣传自己的网店，又能免除因为做广告而被删除帖子的厄运。事实证明，在BBS和各种论坛中发言或回帖，并且同时留下带有自己店铺链接的签名，可以有效提高店铺单击率。但同时既要注意抢占回帖最靠前的位置，也要注意提高回帖的质量，只有高质量的回帖，才能引起人的关注和好感。

店主们千万注意，如果经常到所在网站的论坛去发文章，并且在帖子中巧妙安插自己的商店的广告时不要太过于功利化。当一个既让人舒服又有针对性的帖子被广为转载时，店铺的浏览量一定会节节攀升。

精华帖既可以有效提升店铺的形象，也能为店铺打造优秀的品牌形象，在宏观层面上，对店铺的长远发展是很有好处的。如果发的帖子被评为精华帖，就可以获得宝贵的银币，然后用银币去购买位置很好的推荐位，继续为自己的店铺进行广告宣传。

当然，还可以去浏览或参与其他单击率高的论坛，如果论坛话题跟你的店铺很搭调，就可以起到很不错的效果。

也可以将帖子发到主题讨论区，但一定注意帖子语言要言简意赅。如某店铺最新款裙装到货了，只要帖子跟别人的主题讨论帖话题相关，就可以受到有购物需要顾客的关注。

这些地方的发帖量很大，为避免自己的帖子被淹没、丢失，就需要经常维护和更新。

还可以到聊天室、BBS 上发出主动邀请，免除被动等待顾客光临的问题。店主可以到聊天室去聊天，那样可以交到更多的朋友。

在聊天的时候，店主还可以对朋友们发出邀请。邀请他们到自己的店铺来访问，然后虚心请朋友多提宝贵建议，并且用店铺特色来吸引广大顾客。这样做既可以交朋友，又可能提升店铺单击率和成交量，可谓一举两得。

店主要避免为了做广告而到处去发广告帖。因为那样会非常容易引起别人的反感，甚至有可能被踢出聊天室，所以一定要把握好度。

因为论坛里会有不少顾客发帖求购各种物美价廉的商品，颇有一种在求购市场招标的意思。因此店主还可以到求购市场主动寻找客户，如果你的商品非常有实力且物美价廉又有个性，就可以前去投标了。

在互联网发展的早期，网上信息相对来说比较少的情况下，这种方式的宣传效果还是非常不错的。但最近几年由于网络信息大有呈爆炸式增长的态势，所以用这种方法进行宣传的效果明显下降，不过那些有个性、有新意的网络留言式宣传仍然可以受到不少浏览者的关注。

下面推荐一些单击率比较高的论坛：

①百度网站排行榜：http://up.baidu.com/top10.html。

②新浪论坛：http://people.sina.com.cn/forum/。

③搜狐论坛：http://club.sohu.com/。

④网易论坛：http://bbs.163.com/。

⑤TOM 海云天：http://club.tom.com/。

⑥21CN 论坛：http://free.21cn.com/。

⑦西陆论坛：http://club.xilu.com/。

在百度网站，可以搜到日访问量巨大的网站，在这些每天有成千上万人同时在线的网站发布帖子和广告，可以让更多的人浏览到自己的店铺。顾客多了，自然就不用再为生意发愁了。

6. 电子邮件广告推广

因为电子邮件是现代“网虫”常用的互联网工具，用电子邮件做店铺推广也是一种非常有效的广告方式。据统计，每天浏览网页的网民只占30%，而使用电子邮件的网民却超过了70%，也许这个数据并不是很准确，但是表明了电子邮件的受众是非常广的。

但是这里所指的电子邮件广告推广，并不是说滥发邮件（Spam），而是基于用户许可的E-mail营销。被许可的电子邮件营销不但比未被许可的电子邮件推广方式有很多优势，而且与传统的推广方式相比也有很多优势。

这种推广方式可以有效避免因盲目散发广告而对顾客造成骚扰，增加广告发送的准确度，并且还能提高顾客信任度。它能够及时为真正有信息需求的客户提供帮助，增进与客户的关系。

用电子邮件做广告推广不但颇具价格优势，还具有针对性强的优势。如果使用专业软件进行邮件群发，可以大大提高发送速度。而且使用这种方法还可以根据每个客户的不同情况，发送特制模式的广告邮件。

据称，电子邮件广告将是未来广告的发展趋势。根据可靠机构的统计结果，截至 2014 年，全球共有 8000 多亿封电子邮件被用作广告营销。

如果做电子邮件宣传，店主收集到的准客户的邮件地址越多，网店宣传范围就越广，所以最重要的就是要掌握大量朋友或者准客户的邮件地址。换句话说，发送的推广邮件越多，蕴藏着的主页访问量就会越大，店主可以用电子邮件来通知这些人访问自己的网店。

但要明白的是，效果再好的广告方式也不能乱用，否则，不但起不到好的作用，还会起到反面作用。对于电子邮件广告也是如此。

店主们一定要把广告的内容和语言做得具有新鲜感、吸引力，要简明扼要，而且最重要在于真实。在使用这个方法进行广告推广的时候，千万不要夸大其词，也不要用欺诈性的言语进行宣传，因为这样的广告本身很容易让接收者反感。

例如，有的人为了吸引更多的顾客，在做广告邮件推广时常常使用大量虚假托词。有的店主在广告中说，买某某商品就免费赠送礼物，可是当顾客购买商品的时候，才发现原来免费商品的邮资竟然要 80 多元，这样就给人一种上当受骗的感觉。这样，顾客会产生强烈的反感，他们肯定不会再购买店里的任何商品。

用新颖的设计来吸引顾客，比狂轰滥炸的方法要好得多。有的时候，你可以把写有店铺地址和联系方式的签名邮件发给自己的朋友们，为了避免时间久了人们对这种签名感到厌倦，掌柜们要对签名经常更新。

总之，相信成功的店主一定都是肯用心的，只要肯动脑，便会有收获。除此之外，还可以使用博客进行推广宣传，现在有很多店主使用博客进行广告宣传都很成功。

7. 网络通信工具的使用

现代网络上有很多非常好用的通信工具，如 QQ、MSN、淘宝旺旺等。很多店主生意之所以做得非常成功，除了拥有优质的商品，还与善于利用 QQ 或淘宝旺旺等即时通信工具有很大的关系。

当顾客对商品特别感兴趣的时候，旁边却没有售货员，那顾客一定会特别郁闷，买卖估计也就很难成交了。所以使用网络通信工具就好像实体店里的售货员一样，当顾客去购买商品时，对一件商品感兴趣，旁边有售货员为其推荐、解惑、答疑，那么生意成交的可能性就会显著提升。

看到这里，有的店主可能会叫苦了，因为他们是兼职经营店铺，平时可能工作很忙，不可能总在线，即使在线也不可能有时间随时回复买家的询问。

没关系，卖家没有时间答复顾客的时候，可以巧妙设置这些通信工具的状态。例如，可以将自己通信工具设置为“离开”“忙碌中”等登录状态，这样买家便知道店主没有在电脑前，或者现在很忙，暂时就不会继续发信息给店主了，不然的话就很容易误会店主不愿理睬顾客，得不到答复的买家就会放弃购买该店的商品，从而去找别的店铺。无意之中，送上门的生意就这么溜走了。

为了减少生意流失，店主们要在不能与客户进行随时沟通时，在状态设置和个人资料设置上多下功夫。如果登录的是 QQ，还可以把个人资料设置为自己的店铺介绍，因为所有想跟你聊天的朋友，都会通过查看你的个人资料来了解你，无意之中就为自己做宣传了。如果掌柜们使用的是淘宝旺旺，那就大有讲究了，很多店主总是习惯将自己的淘宝旺旺状态设置为“我很忙”或是“我有空”，其实这里面是大有学问的，例如，卖家可以将自己的状态设置为网店宣传信息，说不定就可以起到很好的广告作用；如果登录的是 MSN，就可以把状态设置为自己的店铺广告，例如，有的掌柜就把自己的 MSN 状态设置为：XX 店铺欢迎您的光临。

事实上，这种方法使用起来非常简单。店主只需先在菜单中单击

"登录"然后单击"更改我的状况"，最后在"设置状态信息"中添加需要的推广信息就可以了。设置好之后，以后不论卖家是忙还是闲，都可以给买家一个效果不错的信息传递，如"新品上架，来看看吧"或者"好消息，本店五一促销，全部商品五折"等。

店主如果很忙不在线，还可以把状态设置为自动回复，这样不但可以暂时安抚并留住买家的脚步，从而避免买家受到冷遇，甚至有可能会引起买家的兴致，让买家在你的小店里光顾一番。

值得注意的是，广告如果做得不好，还不如不做。不成功的广告非但不能起到好的宣传作用，甚至会适得其反，给人留下很糟糕的印象。因此店主添加店铺信息或广告信息时，一定要记住使用简明扼要、设计优美、一目了然的广告语言，千万不要使用冗长拖沓、表达不清甚至低俗不堪的话语，因为那样会让顾客非常反感。

当然，卖家还可以使用 QQ、MSN 或淘宝旺旺等，向顾客发送广告等主动出击的营销方式。不过使用这一方式，一定要避免被投诉的风险，要把握好分寸，因为这样做是比较使人厌烦的。所以，使用这招一定要慎之又慎，不然就会"搬起石头砸自己的脚"。

在采取信息群发功能时，一定要确定自己的众多好友或者顾客们肯定都能很高兴地接受这种群发方式。这种群发方法可以在几分钟之内轻松发送大量的广告信息给你的准顾客们。不过，用淘宝旺旺群发信息是有条件的，只有两星及两星以上的店主才可以使用。

店主们除了在通信工具上动动脑筋以外，还可以用电视和广播来宣传自己的店铺。一般店主认为媒体广告的费用会非常昂贵，那就想错了，其实只需花几角钱就可以在电视或广播中为自己的店铺进行一番宣传。

这并非耸人听闻，其实方法很简单。掌柜们只要以自己店铺的名义在电视或是广播中为顾客或朋友点播节目就可以了，发个短信或打个电话只需几角钱。相比之下，这种方法要比单纯打广告的效果好很多，不但将祝福、问候和友情一并带给大家，还能为自己进行很好的宣传，实在是物超所值。

8. 网络实名和通用网址

如果店主想大干一番，觉得在他人的网站中开小店不过瘾，还可以自己注册一个独立的网店。如果店主希望让更多顾客很容易就找到并且记住自己的店，可以使用网络实名的方法进行店铺推广。

所谓网络实名，无需再输入难记又复杂的域名、网址及 http://、www、com、net 等前后缀，顾客只需在浏览器的地址栏直接输入店铺的中文、英文、拼音或缩写，甚至是几个相关字符，是一种快捷、方便的网络访问方式。

3721 公司（已被雅虎收购）是中国网络实名的发起者和倡导者。目前，网络实名已经覆盖到几千万网民，几乎占全国网民的 90% 以上。

除此之外，美国硅谷的 RealNames 公司也在推行用实名快速、方便地访问网页。在中国，该公司通过与新网、万网、中国频道三个注册商合作进行中国市场的开拓与运作。RealNames 公司还与微软签了三年合作协议，与 IE 浏览器进行捆绑，只要在用户浏览器的地址栏键入实名就可以达到目标网页。有了微软的帮助，RealNames 公司可谓占尽先机。但是，因为存在着技术、市场、用户等多方面壁垒，该公司在中国的业务成绩并不太好。而且，使用 RealNames 进行实名查询，不但需要输入非常精确的实名，而且不可省去输入 com. cn 等前后缀。

相比之下，3721 更人性化，也更有优势。使用 3721 时只需要输入实名或简称、英文、数字、拼音等随便哪一项即可进行实名查询。它可通过智能推测帮助用户到达所需网页，因为它在技术上采用的是模糊概念，所以即使输入拼错的实名都没有关系。

除了网络实名以外，通用网址也可以作为店铺推广的辅助手段。

可能一些店主没有了解过什么是通用网址，以及它有什么作用。其实，通用网址与网络实名二者只是在身份上不同，没有太大的区别，通用网址则是一个官方性的实名团体，而网络实名是个民间性的管理机构。通用网址是通过建立与网络资源地址（URL）的对应关系，从而实现对网站或网页进行便捷访问的一种应用服务。它还是店主主推产品或服务的最佳网络宣传方式；可以使自己的品牌宣传在互联网上得到最大的延伸；使用通用网址可以快速提升网站单击率，提高网站访问流量。顾客只需用恰当的关键词，就可以轻松找到想找的产品或服务的网络品牌。

通用网址的注册用户，一经注册即相当于在全国的主要搜索引擎中进行了登记，并且可以使访问者借助这些网站提供的通用网址直达功能直接访问用户网站。

近几年来，美国、韩国以及我国纷纷推出了各自的通用网址技术方案。这些方案解决思路不尽相同，各有优劣。很快，互联网用户无论是通过 ISP 服务商，还是通过下载客户端软件，甚至直接通过 IE 浏览器，都可以实现通用网址的访问，从而真正实现各种优势技术的融合与互补。

总之，只要店主注册一个好记的网页地址，不论是网络实名还是通用网址，都可以方便轻松地获得大量的回头客。如果店主们想获得大量的有效流量，还可以把这个网址加入到各大搜索引擎中得以实现。

案例 1

几年前王小姐开办了一家相当规模的独立网店，但是由于几乎没有广告宣传，导致知名度很低，所以一年来生意惨淡。为此王小姐心急如焚。可是由于没有足够活动资金，无法进行广告宣传与推广。万般无奈，只好向专家求助。

幸运的是，一位网店营销专家给王小姐提供了几条建议，其中之一是网络实名。王小姐觉得这种办法费用投入不大，于是就尝试注册了网站实名。

结果，就在王小姐的网店注册网络实名的第三天，就有大量客户的询问信息发来，不断收到客户 QQ、邮件等，几乎每天都有几笔生意，然后经过几天的询价和议价，她就做成一单 5000 元的生意，这可是从来不曾有过的事情。

而且随着时间的推移，通过网络实名找到并联系王小姐的客户已经越来越多，通过 QQ 与其进行议价和商品咨询，其销售额迅速增加。可以说是网络实名让王小姐的网店提高了知名度，起死回生，再现活力与生机。

事实上，由于互联网的不断普及和成熟，人们已经越来越习惯通过网络来找自己需要的相关信息和知识。也就是说，网络宣传的力量正在迅速提升，大有超越传统平面媒体和电视、广播媒体的势头。

而搜索引擎类网站与普通的网络广告相比，它有着宣传面广、单击率高等优势。特别是采用中文输入方式的网络实名，能够免去广大网友对于大量复杂枯燥的英文域名、网站名的记忆上的问题。网络实名正依靠着其价廉、易用、推广面广等诸多优势，全心全意为店主们服务。

9. “病毒式”营销策略

店主们看到这种说法时，千万不要惊讶。“病毒式”的营销方法是利用人们的主动传播，让自己的广告信息能够像病毒一样迅速扩散，从而达到有效推广的目的，并非让店主们去传播病毒。

从本质上说，“病毒式”营销是在为顾客提供有价值的免费服务的同时，附加一定的推广信息，如 Flash 作品、电子书、软件、邮箱、贺卡、即时聊天工具等都是常用的工具，可以为使用网络服务、娱乐等带来方便。

之所以称它为“病毒”，是因为它的传播广度和深度就如同病毒的传播性能，是任何东西都无法比拟的。这种宣传方式就像病毒一样，有着顽强的生命力。

一般来说，这种方法与传统的干扰式营销策略是相对的。传统的营销方式通常是那些财大气粗的商家采用狂轰滥炸的方式进行广告营销，也就是往广告上大量砸钱的方式。

干扰式营销是很容易引起客户反感的。多年来，各种传统广告使人们备受煎熬，所以，一般性“创新”的广告不会吸引他们的眼球。由于长时间的接触与反思，在他们的头脑里已经有了很强的抵抗意识，再多“洒狗血”的宣传方式都不会奏效了。相反，网络上病毒式的营销方式是大家在没有任何防备的情况下被感染，已然分不清楚谁是商家谁是客户了。

这种推广方法如果使用得当，往往可以用非常低廉的代价获得非常显著的效果。可是如何才能恰当地使用这种方法，并且将其发挥到极致呢?

美国一个专家提出了“病毒式”营销的六个基本要素：

①提供无须努力地向他人传递信息的方式。

②提供有价值的产品或服务。

③利用现有的通信网络。

④利用别人的资源。

⑤利用公共的积极性和行为。

⑥信息传递范围很容易从小规模向很大规模扩散。

一般情况下，如果店主既做到了以上六点，又能灵活巧妙地运用，那就可以达到宣传与成功营销的双重效果。

现在，使用“病毒式营销”的商家越来越多了，“病毒式营销”的方式也是不断出奇、出新，例如，使用创意文字，或是搞怪图片，以及搞笑的 Flash 短片等。客户们常常会在不知不觉中被免费获取的优惠券、打折券、免费邮箱等免费信息吸引。

但店主拿出有价值的东西供客户免费使用是这种推广方法的必要前提。也就是说，商家如果想要使用这种方法进行广告宣传，就一定要把那些有价值并且打算进行大规模宣传、销售的产品用潜移默化的方式展现到买家的面前。

一旦有顾客中意某款商品，他不仅自己购买，还会及时地向周围的亲人、朋友推荐，传播商品信息。这就好似病毒传播一样，让旁人躲闪不及。

因为这种有着“滚雪球”效应的宣传方式是任何广告推广方式都无法比拟的，所以是没有人可以阻止这种信息的传播的。不过，有时候这种传播会招来不满，但这并不影响你对商品或店铺的宣传。

生活在广告之中的现代人对各类广告的识别能力特别强，普通的“病毒”很容易就会被人识破并且扼杀。只有创意非凡、制作精良的“病毒”才能在大众警惕的眼球下生存。渴望成功的店主们就要激活每一个创意细胞，打造别具一格的“病毒”。

一味盲目仿造、生搬硬套地抄袭别人成功的创意，是非常不可取的。如果发现有的商家创意非常奇妙，甚至已经将各种元素发挥到了极致，也不要去模仿。正确的做法应该是从成功的例子中汲取精华，细细消化，为己所用。

可是，有些居心不良的商家常常采用一些不道德的推广方式，如修改用户浏览器默认首页设置、自动加入收藏夹，甚至在用户电脑上安装病毒程序等带有一定强迫性的方式来达到推广的目的，店主们要坚决予以抵制。

二、其他推广方式

1. 印制并发放广告

印制并发放广告也是一种店铺推广方式。这种方式就是商家可以大量印刷自己店铺的宣传纸，然后自己或者雇人到各处去分发。可以说这是一种很典型的传统广告方式。

用这个办法对店铺进行推广，针对性也比较差，所涉及的范围有限，影响力不是很大，而且印刷精美的广告纸的成本是很高的。

这种宣传方式只适合那些针对当地顾客进行销售的商品或服务，如销售房子、提供便民服务等。有的店主把广告信息印刷在精美的日历、地图、红包、常用电话号码本上，或者是精美的纪念品上，通过这些方式，一些聪明的商家将这一传统推销方式巧妙地利用了起来。

案例1

程小姐在网上开了一家首饰店，生意很红火。每年旺季的时候，她店里的生意自然不用提，就算淡季的时候，她的店里也从不清淡。真是羡煞旁人！

原来，程小姐自有妙招：每年销售旺季的时候，她都会随单赠送出去很多印制精美的小台历，上面的精美图片都是她从店内众多图片中精心挑选出来的，非常吸引人。当然，这些小台历的每一张上面都有程小姐的网店地址和商品图片。

顾客们收到这些赠送的精美台历后，便会把这些小台历摆放在办公室桌面上或摆放在自己桌面上，既可以查阅日历，又可以欣赏它的精美，喜悦之情油然而生。长此以往，见到此种台历的人会有许多，当这些人要购买首饰的时候，自然会想到程小姐的店。

除此之外，程小姐在淡季时候还使用了“发行打折券”的方式，她印制了很多带有自己店铺宣传信息的红包。由于打折幅度大，很多收到打折券的顾客都会在淡季时集中购买需要的礼品，然后收藏起来，以便需要时再次使用。

不要看这两招不起眼，可它的确给程小姐带来了大量的订单。可以说，这两招是她网店常年兴旺的秘籍。

有的店主可能会大呼不平，因为他们也送出去过很多店里的宣传品。例如，有的店会赠给顾客一双袜子，再在邮包里放入写有店址及联系方式的卡片。可是，这些店主们有没有想过，一双袜子能穿多长时间呢？相信很少有顾客会在穿过袜子后，仍然好好保存无使用价值的一张广告纸。

2. 扩大日常交际面，多派发名片

可能很多在网上做生意的店主会认为，买卖双方不能面对面进行接触，如何发放名片呢？就算发放成功，起到的作用也不大，简直就是浪费。

可是，虽是网上交易，但大家的联系方式是通过邮递快件进行的。因此，在邮寄商品的时候，就可以把自己个性十足、设计精美的名片夹在商品中，很可能起到很大的宣传作用。

如果买家很欣赏该名片的风格并对你的商品感兴趣，还向别人推荐，你的广告宣传不就成功了吗？所以说“成功永远等待那些有准备的人”。

而且印刷了名片之后，在日常生活中，店主在与人交往时便可递送出去，以此来宣传自己的店铺。甚至在各种聚会时发出自己的宣传名片，在同学录里面发出宣传和邀请都未尝不可。这样既可以让同学、朋友分享自己的生活经历与心得，又可以为店铺增添人气，说不定还可以做成几单生意，何乐而不为呢？如果店主同时还有实体店，也可以将名片放在实体店里，供顾客随便拿取，这些顾客就可以在出了实体店之后，在网上继续浏览你的商店，使顾客的消费得到最大延伸。店主也可以把自己的名片印在扇子、雨伞、手绢、毛巾、圆珠笔、钥匙链、记事本甚至T恤衫等物品之上。所以说名片的形式可以是多种多样的，可灵活运用。印发名片的成本可以根据你所经营的商品价格来定，如果商品利润很高，就可以选择一些精美的名片载体。如果商品利润很低，可以选择一些价廉的名片载体。但是不论价格高低，千万不要选择做工粗糙的东西，如果赠送粗制滥造的东西，还不如不送。因为那样不但起不到好的作用，还会影响店铺形象。

在给顾客寄送商品的时候，添加上这些有使用价值的“名片”，一定会给买家带来不小的惊喜，买家可能就会因此而记住你。此类赠品的成本都不是很高，但由此带来的收益却是明显的。

店主还可以将自己从萌生开店到建店，再到采购、销售的酸甜苦辣的故事都写在小小的名片上，分发出去。有内容和真情的文字，一般会很感动人心，能够引起顾客的共鸣。

说不定，店主还能因此交上很多志同道合的朋友。朋友多了，店铺就有了人气，店主们就不用再为拉订单发愁了。

3. 积累口碑

口碑宣传可算是店铺宣传最有效果的方式。但是口碑并非有钱就能买到的，它需要店主用诚心去做生意，用物美价廉和优质服务与顾客建立起良好的关系，不但使每一位顾客成为回头客，还要让他自愿成为店铺的宣传员。

对于一个新店，店主要从自己身边人做起。首先，在自己的家人、朋友中进行宣传。亲戚朋友间传递信息的速度是强大的，口口相传，过不了多久，就会有很多人知道你的店铺了。

作为店主，要全力为自己店铺的口碑宣传创造条件。

①店铺的名字不要过长且拗口，更不要用生僻字。因为顾客在向别人推荐一个品牌或店铺时，经常会说：“我就是在××店铺买的，你也去看看吧，那儿不错。”这时如果店铺名称中有生僻字，不但人们难以记住店铺名称，更影响别人对你店铺的关注度。

②店铺的经营类型一定要正确，如果在口碑宣传中顾客没能记全你的店铺名称，还可通过搜索的方式找到你的店。

③要真心对待顾客，要服务周到，热情主动，耐心、细心。

④店名要用与自己的经营主题相关的，这样可以增大被顾客搜索到的概率。

第二节 网店营销及促销方式

不同的商品有不同的促销方案，同时也有不同的营销手段，但只要做到具体问题具体分析，就可以让你的网店人气大增，同时也为你的小店增色不少，那么如何让你的小店别具魅力，下面就以银饰产品的促销及元旦如何促销，来加以具体说明。

一、银饰品的营销优势

近些年，银饰产品得到了广大消费者的追捧，因此银饰市场获得了快速发展的契机，越来越多的企业也投入到这片市场当中，在网络销售中银饰也已成为一大热点。现在就以营销银饰品为例，给大家介绍一下。网上银饰店铺与传统银饰店铺相比，有其明显的特点。

1. 价格优势

网上银饰店铺投入资金少，可以节约很多开支，从而可以最大限度地降低成本，因此价格上很容易形成优势。

2. 网上银饰的店铺投资少，占用资金少，货物积压的风险小

传统店铺要缴付各种费用，导致投入资金大。而网店主要是网站设计制作费、域名费、空间费等。目前淘宝网推出的都是免费服务。传统店铺需要一定的库存量，占用资金比较大，而网店则可以少量存货，甚至零库存，占用资金少，风险小，进入门槛低，适合个人创业。

3. 网上银饰店铺不受时间、空间限制

一般情况下，传统店铺不但受时间的限制，还深受地域、客流和

店面空间限制。然而，网上店铺却可以全天 24 小时开放，并且经营不受地域范围的限制，商品摆放也不受限制。

4. 方便快捷

由于网上支付、物流配送的完善和发展，网上购物变得非常方便快捷，动动鼠标就可以下好订单，支付货款，就等着在家收货了，即使是国外客户也可以很方便地通过网上支付享受快捷的物流配送。

5. 诚信问题

由于诚信体系不完善，网上购物相关法律法规没有规范，因此“担心上当受骗”成了困扰网上购物关键问题之一，这也导致“诚信问题”在很大程度上影响人们网上购物的热情。

6. 银饰网上销售成功之道

虽然网上开店门槛较低，入行比较容易，但想取得成功并不容易。据调查，网上开店只有 2 成左右的人挣到钱。个人认为银饰网上销售各方面要做好工作，下面四个方面尤其值得重视。

（1）产品特色

无论是实体店还是网店，能否抓住顾客的心理和吸引顾客的眼球，就靠各自店铺的特色。并且在具备特色的同时也要在价格上具有优势。

（2）服务优势

网上销售，一定要树立起以客户为中心的服务理念。对于网上购物，虽然顾客只能看到产品图片，其服务却是实实在在的。网店的服务是贯穿整个网上销售始终的，如网站的信息提供、客户的售前咨询、售中服务、订单处理速度、客户邮件处理、网上支付、发货、投诉建议等方面，无不体现着网络服务的完整性和专业性。

（3）诚信

在虚拟的网络环境下，买家很关注卖家的信用。质量对于一个网店商品来说是很重要的，但是诚信更为重要，所以卖家要对自己的诚信给出一个明确的说法，让买家可以相信你。

（4）营销推广

无论是在淘宝开店还是自己的网站，网上银饰销售都离不开营销推广。有好的客流才有好的销售，传统店铺需要一定的客流，网店更是如此。对于有志于网上销售的企业来说，网络营销推广是必须要过的一关。现在就有一些企业愿意花钱做一个漂亮的网站，在推广上却是一片空白，不知道怎么去做。概括说来，网站营销推广方法主要有：网络广告、百度的竞价排名、邮件营销、友情链接、论坛发帖宣传、加入行业网站的数据库等。

网络为我们开辟了一个全新的世界。据调查，目前中国的上网人数已接近 3 亿，共有 7 千万户家庭享受宽带服务，网上购物渐成气候。有志于银饰网上销售的店主，相信在未来会有好的收获。

二、网店元旦促销方式

面对元旦消费旺季，网店不能放过这个提升销售额的机会。网店元旦促销主要有哪些形式呢？作者在此整理了一些常见的促销方式，供各位卖家参考。当然，更为重要的是大家能够有所创新，能够有更多的促销新思路。

1. 折扣

每年元旦前后，各大市场折扣力度较大，一般情况下为 2~5 折。为了能够在大量折扣销售中仍能赚钱，网店同样可以采用促销手段，但促销的商品一定是有比较高的毛利的商品。为让买家有更多的新鲜感，可以在不同的日期，推荐不同的折扣商品。卖家还可以设置专门的元旦专区、元旦特价商品区等。

2. 限时促销

活动期间，网店可以在不同时间段内推出不同品牌的超低折扣商品，限时购买。一来可以增加网店的游戏趣味，二来可以增加店铺的神秘感，从而让大家在这段时间频繁光顾你的网店。

3. 优惠券

节假日是维护客户的绝佳机会，在表达祝贺的同时，还可以热情地向老顾客送上假日购物优惠券。面对优惠券，很多买家可能再次光顾你的网店，购买更多商品。利用网店会刊功能，可以向所有的网店发送邮件列表，当然还可以针对不同级别的会员客户发送不同的网店会刊，这样显得更加人性化。优惠券功能也能够让你轻松应对假日促销的优惠活动。

4. 购物券

利用节假日销售购物券也是个好办法。要知道，有了购物券就可以自由地选择礼物，送礼的人就不会为送什么劳神。有了购物券买家可以疯狂地购物，可以为买家节省很多金钱。由此可见，节日期间，销售购物券能够让你的网店生意倍增。

5. 免费的配送

元旦促销期间，可推出"购物免运费"的促销活动等。这样看似在成本上吃亏，但实际上订单会显著增加，自然会获得利润。当然，这个时候务必要使货品在元旦前到达买家手中，因此选择一个专业的物流公司也非常重要。元旦旺季各个网店生意普遍红火，物流公司的生意也会非常火爆。一定不能让你的订单在配送上"栽跟头"，迟缓送货会让买家大为恼火，更会对你的网店印象大打折扣，这可就得不偿失了。

6. 会员卡

可以给老客户或是忠实的客户发一些会员卡，可以让买家在你的店里享受贵宾级的服务。

7. 免费礼物

购物订单达到一定金额即送免费礼物也是一个好的手段。送的礼物最好跟元旦相关。

8. 延长服务时间

一般网店是 7×24 小时服务营业，销售旺季可一定别忘记延长服务时间，延长时间可能会有更大的回报。

第六章 物流与售后

第一节 物流

一、物流常见问题

“物流”是一个方兴未艾的产业，对于电子商务的发展起着重要的支撑作用。对于网店经营者来说，“物流”是一个需要实际面对的环节。重视物流环节，了解物流过程中可能出现的问题，是网店店主必须完成的“功课”。

目前，网店顾客对购物不满的主要原因就是物流环节出现的问题。有许多店主没有得到好评，并不是商品质量或自身服务的原因，而是与物流过程密切相关，主要包括运费过高、送货时间太长、送货时货物丢失或损坏、快递人员态度不好等。

1. 运输费用过高

网店与实体店相比，在运费上会多出支付物流费一项费用，对于价值不高的商品，问题就更为突出。但这是相对而言的。店主可以引导其购买几样物品再合并递送，或在与顾客沟通时予以提醒。在运送方式上，当地有哪些物流公司可以送达，价格与速度情况如何等情况，卖家应及时向买家说明。同时，卖家也应掌握一些节约运费的办法，例如通过邮局寄送包裹时使用打折邮票，或选择较轻的包装材料来降低运费等。

2. 网上购物的消费者关注最多的就是送货时间的长短，这涉及网店与实体店的主要区别。顾客当然希望在短时间取得所购买的商品，对于一些需要马上使用的产品而言尤其如此。一些在送货时间上有高要求的顾客，可建议使用“EMS”等快递。如果最优的物流方式仍然不能及时到货，顾客自然会产生不满情绪。送货时间实际上也是网店商品质量的一部分，它影响着顾客对整个购买过程的评价。

3. 货物丢失或损坏

店主一般可以要求快递公司赔偿在运送过程中丢失的货物。但事件的确认必然需要经历一个过程，至少包括先让顾客等待货物和快递公司查询核实等。对于消费者来说，即便最后获得了赔偿，这也不是很愉快的过程。货物的损坏是物流过程中最常发生的问题。一方面，商品的包装没有起到保护作用，这是店主需要仔细考虑的；另一方面，一些物流公司在运输过程中野蛮装卸是很大的原因。

4. 快递服务态度差

店主要尽量选择口碑较好的快递公司，而不能盲目选择快递物流公司。如果有些地区经常遇到类似服务态度差的问题，则可以考虑为以后送往该地区的商品选择其他快递公司。如果顾客在收取商品时确实遇到了不愉快，店主就应协助疏导情绪并向快递公司投诉。

二、选择物流方式

快递、邮政寄送、上门送货以及电子商品闪电发货等多种物流方式，是网店店主可为顾客选择的。接下来介绍一下这几种物流方式的特点，并详细说明快递方式的选用。

1. 使用物流公司

在“淘宝”“易趣”等网络平台上，物流公司既包括“申通快递”“中通快递”等快递公司，也包括以EMS为代表的邮政快递。这些物流公司都拥有覆盖一定范围的投送网络，可以在较短的时间内将货物直接送到顾客手中。与平邮寄送方式相比，物流公司的费用就要高一些了，小件物品通常也都在10元以上。这种物流方式适合于商品本身价值较大、顾客希望在短时间内收到货物的情况。

2. 平邮寄送

平邮寄送是我们比较熟悉的运送方式。在网络购物中，挂号信或挂号包裹寄送也常常包括在这一类当中。平邮寄送方式一般到达时间慢，价格相对低廉。它往往适合于顾客对收货时间没有过高要求，商品本身价值也不是很高的情况。在网络交易平台上，可以专门为平邮方式设定运费，但在发货环节页面的填写过程中没有专门的选项，单击“不需要物流公司”就可以了。

3. 送货上门

店主亲自将商品送到顾客手中即为送货上门。一般采用此种方式很少发生纠纷，因为卖家和买家可以当面交验商品。送货上门并不常见，因为这种方式通常仅限于买卖双方在同一城市当中的情况。一般网上交易平台，在发货管理页面都有“不需要物流公司”一项，送货上门的店主就可以选择该项了。

4. 电子商品发货

游戏币卡充值、手机电话卡充值等是主要的电子商品。销售电子商品不需要实物发货，卖家只采取代充方式，而只需顾客正确输入自己的手机或账户号码，就可顺利达成交易。因此不需要第三方服务，在网上商城交易平台上发货管理时选择“不需要物流公司”即可。

三、使用物流公司

网店在接到顾客订单以后，就可以准备商品并发货了。一般而言，使用物流公司发货需要经过以下几个步骤。

1. 确认网点覆盖范围

首先，要确认买家地址的区域范围，再选择那些服务网点可覆盖相应地址的快递公司。一般情况下，快递公司的服务网点的范围都可在网站上查到。以申通快递为例，假如客户位于浙江省海宁市境内，可以按照如下的方式查询确认。

首先，在申通主页上找到“网点查询”并单击，接下来会出现全国政区的画面，单击所在省份“浙江”。

然后，在网站列出的所在省份所有网点中找到“浙江海宁公司”，单击进入。可以看到，在海宁市的申通快递的派送范围为全境，这样就可以放心地把货物交送给该物流公司了。

2. 填写快递详情单

收件人信息的单据、详情单是记录寄件人和收件人信息的单据，是完成各个环节运作的凭证，在整个货物运送过程中供不同的人查看。

以申通快递详情单为例，共一式四联，包括名址联、结账联、发件联和收件联。发件联是货物发到收件人处以后，收件人签名确认并交给投递人员带回的单据；收件联张贴在包装表面，供收件人查看；名址联是填写寄送信息的一联；结账联是寄件人保存的收款凭据，在填写完以后可带回保存备查。

在物流运送过程中，一旦商品丢失或毁损，物流公司的赔付金额十分有限，店主就会蒙受损失。因此保费通常是必不可少的填写内容，一般物流公司会要求额外交纳3%左右的保费（EMS为1%）。另外，联系人电话要填写正确，要确保在填写页面上使人能直接看得到、看得清楚。快递员在快递投送的时候，往往要通过填写的手机号码来联系收件人。

通常，店主可以先前往快递公司领取详情单，填写完成以后连同商品一起带往公司或等待快递人员上门收取。也有一些快递详情单在领取时需要收费，如 EMS。店主可以将顾客信息打印或抄写下来，然后在邮局当场填写。

需要注意的是，网上交易平台要求填写快递货单号码。详情单右上方都会有一串条形码，下面的数字是货物单据的号码，需要将这一串数字记录下来以备查询。

3. 送出货物及以后

填写完详情单并做好必要的记录以后，便要去物流公司去交送货物了。交送的时候应注意包装不要完全封闭，因为收取货物的快递工作人员可能还需要对运送商品进行简单的查验。查验完成之后，再完全封闭包装并张贴详情单。

送出货物以后，可告知顾客货单号码及查询方式，同时提醒他们：收货时不论是否需要先签字，都应当场拆开验货；如果运送毁损情况发生，物流公司也会与店主联系协商，确属物流环节出现问题的，可以根据保费要求赔偿；如果发现毁损，应立刻写明并交还物流公司递送人员带回，同时通知店主。

接下来，可以在估计货物即将送达的时候登录快递公司的网站查询。以“中通速递”为例，打开网站，在页面左上部找到“运单查询”一栏，输入详情单右上角的货单号；单击提交以后，就能够看到货物运送的跟踪记录了。

4. 淘宝推荐物流

在“淘宝网”上，除了使用自选物流以外，还可以采取在线下单的方式，使用“淘宝推荐物流”发送商品。目前，与淘宝合作的物流公司有：圆通速递、申通 e 物流、韵达快递、邮政速递服务公司

（包括网上 EMS 和 e 邮宝）、天天快递、宅急送、风火天地（上海同城）。在线下单的操作过程如下。

（1）在网页上单击“选择物流服务”的“在线下单”，接下来就会出现“淘宝推荐物流”的列表。在这上面，详细地列出了价格与赔付信息。

（2）选定物流公司。单击“选择”，在出现的淡蓝色区域中可以查看到派送范围和送达时间。如果事先从物流公司拿到了详情单并已填写，则可以在这个页面上输入“运单号码”；如果没有拿到，则可在物流公司上门取货时填写。

（3）检查信息无误后单击“确认”，如图 6-1 所示。

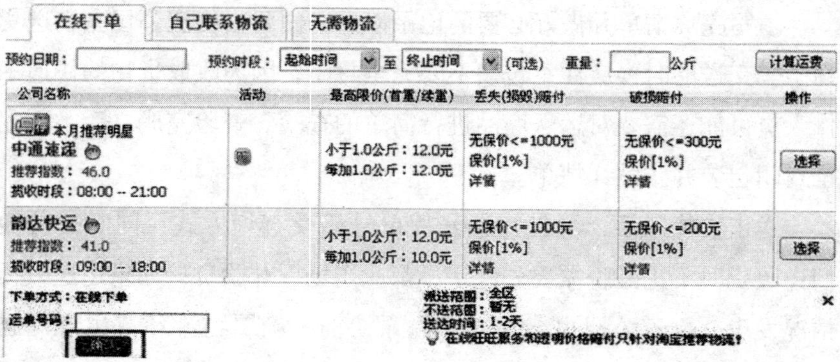

在线下单 自己联系物流 无需物流

预约日期： 预约时段：起始时间 至 终止时间 (可选) 重量： 公斤 计算运费

公司名称	活动	最高限价(首重/续重)	丢失(损毁)赔付	破损赔付	操作
本月推荐明星 中通速递 推荐指数：46.0 揽收时段：08:00 -- 21:00		小于1.0公斤：12.0元 每加1.0公斤：12.0元	无保价<=1000元 保价[1%] 详情	无保价<=300元 保价[1%] 详情	选择
韵达快运 推荐指数：41.0 揽收时段：09:00 -- 18:00		小于1.0公斤：12.0元 每加1.0公斤：10.0元	无保价<=1000元 保价[1%] 详情	无保价<=200元 保价[1%] 详情	选择

下单方式：在线下单
运单号码：
派送范围：全区
不送范围：暂无
送达时间：1-2天
在线旺旺服务和透明价格赔付只针对淘宝推荐物流！

图 6-1 使用“淘宝推荐物流”

填写完成后，操作状态会变成“等待物流公司确认”。

物流公司工作人员会在当中说明的揽件时间上门收取货物，如果店主在此时拿到详情单，则可以登录“淘宝网”，进入“我的淘宝”并查看“已卖出的宝贝”，然后在左侧的“物流订单管理”中单击“在线下单的订单”。重新回到步骤（2）中输入“运单号码”的页面，填写运单号码并确定即可。

需要注意的是，“淘宝推荐物流”的各种优惠和保障只有通过“在线下单”方式才能够享受；自己联系物流公司，即便是列表中有的，也不属于使用推荐物流的范围。通过“淘宝推荐物流”运送的商品，在快递详情单上往往会有标注，如图 6-2 所示。

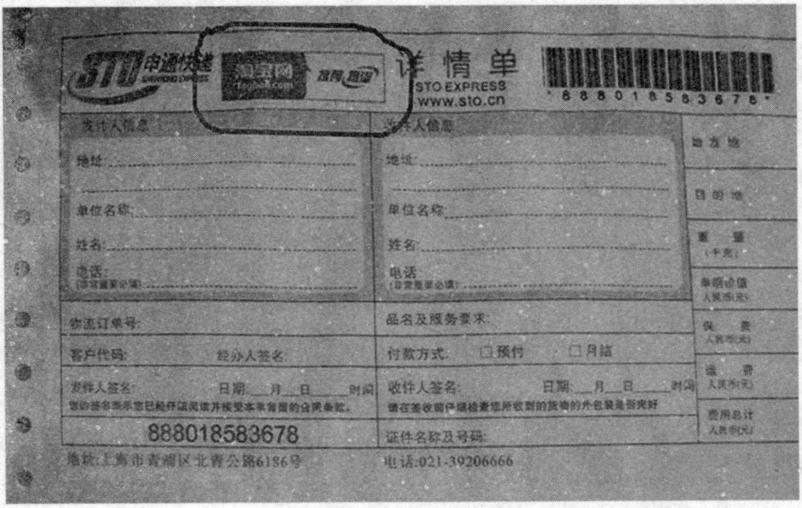

图 6-2　标注有“淘宝网推荐物流”的快递详情单

“淘宝推荐物流”有时也会出现一些问题。例如，要求的价格比非网上下单要高，或者不能按照店主在网站上填写的时间上门揽件等。这些问题是否存在，与当地的具体情况有关，不能一概而论。

四、防损包装方法

包装商品是网店店主在经营过程中应掌握的一项基本技能。包装的主要目的是尽量防止物品在装卸、搬运过程中受到损坏，因而可以被称作“防损包装”。防损包装主要分为外包装和缓冲材料。其所用物料来源广泛，既有自制自用的，也有可以在网上买到的。

1. 常见的外包装

通常，硬质纸盒、瓦楞纸箱、宽胶带、牛皮纸、报纸+塑料袋等是网店发货过程中使用的主要外包装，以下就对这些包装材料的适用范围进行介绍。

（1）硬质纸盒。在日常购物中经常接触到的各种包装盒就是这里所说的硬纸盒。使用它作为商品的包装盒，可大大节约成本。

图 6-3所示的就是一个使用硬质纸盒作为商品寄送包装的例子。

但硬质纸盒的缺点也十分明显，如来源不稳定、缺乏防震效果等。因此作为外包装常会给人一种不正式的印象。因此这种纸盒往往适用于个人闲置商品的交易，或者是网店经营初期的商品之中。为避免引起顾客疑惑，不建议在专业、高档商品交易中使用。另外，在包装过程中，一定要填充防震物。

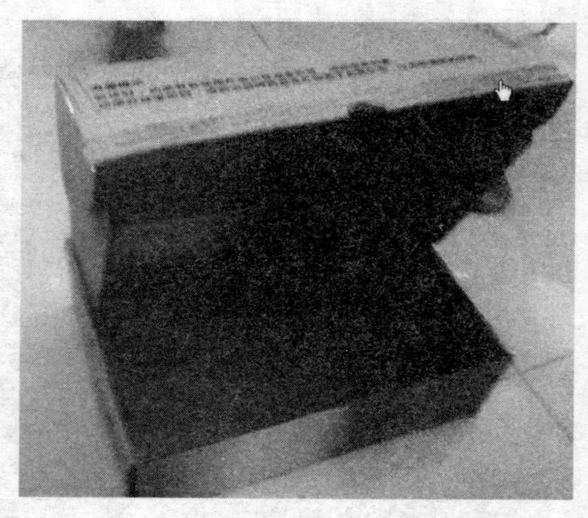

图 6-3 采用硬质纸盒作为包裹寄送快递

（2）瓦楞纸箱。瓦楞纸箱具有一定的缓冲效果，是最为常见的硬包装材料。通常它具有三层、五层、七层纸“瓦楞”层数。一般的货物寄送采用三层纸箱就足够了。

一般，邮局出售的瓦楞纸箱的价格相对较高。到一些专门出售此类材料的网店去购买，可以获得较低的价格，通常是邮局售价的2~3折。

这些纸箱的重量也是计算运送费用中需要考虑的。

由于瓦楞纸箱价格相对较高，重量较大，因此适合于商品本身价值较高，又有较高防震要求的情况。在使用时，通常还需加缓冲材料。

（3）宽胶带。网店不可或缺的外包装材料就是宽胶带。无论是纸箱封口还是塑料袋、报纸等外包装的加固，都需要使用宽胶带。

（4）牛皮纸。这类包装材料价格比较便宜，来源也很广。牛皮纸主要适用于书本、杂志等形状规则且重量均匀的商品。牛皮纸表面比较耐磨，有较强的韧性；同时也有弯折以后会比较脆，磨角处容易开裂等缺点。因此，在使用牛皮纸包装时，应尽量多层包裹，同时应当在书本边角处加包硬纸，起到缓冲作用。对于需要寄送较远路程并且装卸次数会较多的情况，牛皮纸包装破损的可能性会比较大，应尽量选用其他外包装材料或再缠绕胶带。

（5）报纸+塑料袋。报纸+塑料袋适用于软质服装、纺织品或体积较小且不易压坏的小件商品。这种包装具有重量较轻、成本低廉等突出优点，因此这是店主在寄送商品包裹时常用的组合。需要注意的是，由于塑料袋本身的牢固度往往不够，包装完成后还要在外层缠绕胶带来增强保护效果。

2. 准备缓冲材料

包装商品时，少不了各种缓冲材料，而且使用缓冲材料是店主节约成本的主要途径。与外包装的要求不同，一些自制的材料或平时收集的缓冲物料都可以用来“保护”网店的商品；当然需求量大的话也可以在网上购买。通常，网店发货时使用的缓冲材料包括以下几种。

（1）塑料泡沫。在运送家用电器方面，塑料泡沫是目前所使用的缓冲材料中最具代表性的。塑料泡沫不仅可以作为填充物，起到在外包装当中固定商品的作用；对于一些边角容易撞损的商品，在相应位置放置塑料泡沫也能够起到保护作用。如果塑料泡沫的形状不符合要求，可以进行切割或热源塑型等处理。

（2）报纸团。搓成团状的报纸球有很好的缓冲效果，又能起到一定的填充固定作用。所以报纸不仅可以保护商品，还可以起到缓冲材料的作用。为了避免商品在运输过程中因为和纸箱频繁碰撞而造成损坏，在使用瓦楞纸箱包装商品时，就可以在有空隙的地方填充报纸团。这种缓冲材料来源广泛、成本低廉，因而受到广大店主青睐。

需要注意的是，为了健康与卫生，在食品包装中不要轻易使用报纸团；但对于袋装食品，用塑料袋隔层以后可以使用报纸包裹。事实上，报纸团一般都不直接与商品接触，而是作为包装物与包装物之间的缓冲材料。

（3）气泡纸。在缓冲材料中，气泡纸、气泡薄膜及使用这些材料做成的气泡袋等都是大家比较熟悉的。有 5.5mm、6mm、8mm、10mm 等不同的气泡规格。气泡纸的用途较为广泛，如易碎的玻璃器皿、首饰、工艺品、陶瓷制品、光盘等都可以用气泡纸包裹后再加外包装运输。将气泡膜、硬纸板结合起来使用是许多商品常见的包装方法，如图 6-4 所示。

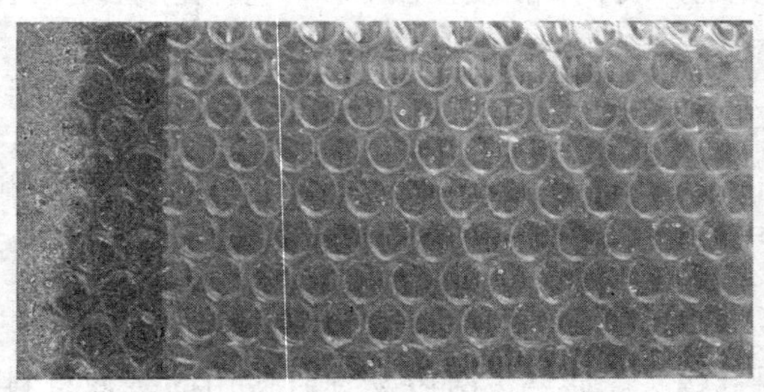

图 6-4　作为缓冲材料的气泡膜

（4）海绵。海绵有块、片等各种形状，也是常见的缓冲材料。海绵块不仅具有缓冲效果好、重量轻的优点，同时用于包裹商品，也能起到防震保护的作用。现在还有一些特种海绵，具备防静电等功能。

在平时，购物后的海绵填充材料可以重新利用，从而节约成本。此外，在需要量较大的情况下，海绵填充材料可以在网上低价购得，甚至可以按照形状要求定制，如图 6-5 所示。

图 6-5　作为缓冲材料的海绵

(5) 纸卷。卷状的纸也可以起到一定的缓冲效果，如图 6-6 所示。这种纸卷适于在比较小巧的硬质包装纸盒中充当缓冲物。硬质纸盒的外壁主要起到保护作用，如果商品与其发生碰撞有可能发生损坏，就需要在两者之间用纸卷隔开。

图 6-6 使用纸卷作为缓冲材料

3. 商品包装原则

网店店主对商品的包装是难以达到专业物流水平的，可注意一些关键的原则，以保证商品在运送过程中不轻易受到损坏。

(1) 多层包装多重保护。对于大多数商品而言，使用一层包装是不够的。通常而言，为了保证商品的完整性，即使商品本身有塑料袋或纸盒包装，也要再加外包装；如果商品本身没有包装，应该使用塑料袋或气泡膜作为与商品直接接触的包装材料，外面经报纸、布料或牛皮纸包裹以后再加外包装。

有一些店主为图省事，在寄送书本，甚至精装邮册的时候，就直接装入袋中。这种做法并不十分可取，因为快件袋被书本等商品撑起之后，在运输过程中很容易磨损边角；如果运送过程中装卸次数较多，或者投递过程中遇到阴雨天气，最后顾客很可能拿到破损的外包装袋，其中的商品也难免会被损伤。

(2) 怕折商品用硬物支撑。由于有些商品容易发生弯曲，易折

图 6-7 自制的硬纸保护夹

易断，因此需要在软包装外面加一层硬物予以支撑。例如在寄送邮票等藏品时，可以使用自制的硬质保护夹，使用这种纸夹即使放在普通的平邮信封中寄送，一般也都能起到保护邮票的作用，如图 6-7 所示。如在寄送光盘时，可以先将光盘放入纸袋中，然后用气泡纸包裹，外面再用硬纸板夹装固定。需要注意的是，为了防止因为商品漏出而没有起到保护作用，不论是光盘还是邮票，在使用自制的保护夹时一定要在四面都粘贴胶带。

（3）包装盒内少留空隙。由于纸盒作为外包装容易在内部产生空隙，所以需要注意与商品本身之间的填充。为了避免在运送过程中商品在纸盒内来回撞击而破损，可以用报纸团来填充大的空隙，空隙小的则可以使用纸卷或海绵。运送时，有了这些缓冲物的保护，即便外包装被摔，商品也不容易被硬物磕碰。图 6-8 所示即为使用海绵填塞包装盒内空隙的例子。

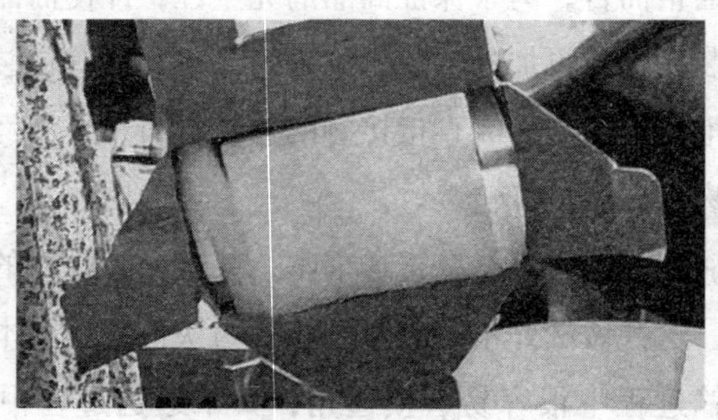

图 6-8 使用海绵填充包装盒内的空隙

（4）多件商品需要隔开。在快递的商品不止一件且合并寄送，同时这些商品本身又缺乏外包装，或者包装形状不规则的情况下，就要在商品之间使用气泡膜、厚布料等软性的材料隔开。这是因为在一个纸盒中，多件商品会发生碰撞、翻滚，很容易造成损坏。使用缓冲材料隔开，可以减少包装盒中的空隙，从而防止商品之间的“硬碰硬”而引发破损。有时，可以在直接包裹商品的塑料袋中充入一定量的空气，再扎紧塑料袋口，这样也能起到保护作用。

图 6-9 是一个使用柔软布料将各件商品分隔打包的实例。

图 6-9 使用布料将商品分隔

(5) 采取必要措施防范意外的发生。在商品的包装过程中，可以做一些标记，如粘贴小封条等，来起到一定的防范作用，因为有时商品在递送过程中会因为被人为拆开而造成损失。如果是寄送多件商品，则可以附上物品清单，放置在顾客打开包装就能看到的显眼处，如图 6-10 所示。同时，在寄送以后要提醒买家，收到包裹以后应先根据清单核对商品是否有缺失。

图 6-10 在打开包装后的显眼处放置物品清单

五、物流费用

下面看一下圆通快递和 EMS 对全国的费用（北京发货）。

1. 圆通快递公司

送货范围：全国大多城市通达，详情请登录圆通公司网站查询。

送货方式：快捷、安全、私密，送货上门，可电话预约，本人亲自签收。

送达时间：1~3个工作日。

收费标准：北京、天津、河北5元/千克，续重1元/千克；山东、安徽、广东、江西、湖北、广东、福建、河南、江浙沪10元/千克，续重6元/千克；其他地区推荐使用EMS，18元/千克，续重6元/千克。

2. EMS/特快专递

送货范围：全国所有地区。

送货方式：快捷、安全、私密，送货上门，可电话预约，本人亲自签收。

送达时间：1~3个工作日。

收费标准：京津唐5元/千克，续重1元/千克；其他地区（除新疆、西藏）15元/千克，续重6元/千克。

第二节 售后

相信大部分卖家都很清楚售后的重要性，因为这不但影响到客户的忠诚度，还在信用评价中起到很重要的作用。做好售后服务，注意以下几点：

1. 树立售后服务观念

①做好售后服务，首先要树立正确的售后服务观念。服务观念的形成是一个长期培养服务意识的过程，卖家都应该建立一种“真诚为客户服务”的观念。

②卖家应珍惜和重视与买家交流的每一次机会。因为每一次交流都是一次难得的建立感情、增进了解、增强信任的机会。买家也会把他们认为很好的卖家推荐给更多的朋友。

③任何服务都难做到“上帝百分百满意”，但在“顾客就是上帝”的理念指导下，认真而真诚地做好服务，相信一定会有回报。

2. 自己设计邮件模板

商品成交以后，为表达诚意，卖家最好给买家发送一封由自己撰写的成交确认邮件。语言要人性化，信息要自然显现。具体可以参考以下的例子：

您好：

感谢您购买了本店铺的物品，希望您能够喜欢，如果有任何问题可以和我联系：xxx@ xxx. com（卖家电子邮件地址）。

如果您是以一口价方式成交物品的，本店铺免费包普通邮寄，如果您是以竞标方式成交物品的，请支付5元邮费。如无特别需求，本店铺将会在款到第二天以普通邮寄方式邮寄物品。

您成交的这笔物品的费用为：xxx 元（包括邮寄费用）。

请通过以下方式汇款：

招商银行信息：xxxx xxxx xxxx 中国工商银行信息：xxxx xxxx xxxx

如您已经汇款完毕，请发送邮件告知我们您的详细信息，我们会款到马上发货，信息如下：

用户名：______真实姓名：______联系方式：______

购买物品链接：______购买物品颜色规格：______

收货人地址/邮编/姓名：________________

汇款银行：______汇款时间：______

最后谢谢您购买小店的物品，期待您的下次惠顾！

店家：xxxx

日期：xxxx/xx/xx

3. 交易结束及时联系

为避免买家的流失，在物品成交后卖家应主动和买家联系。及时联系买家应该做到：

①发送成交邮件模板，可以包括：银行账号、应付金额、汇款方式等。为了区分相同金额的汇款的买家，可以加入编号一栏让买家汇款的时候注明，这样也方便查找。

②利用例如 eBay 易趣推出的“发送账单”之类的功能，帮助卖家从“我的易趣”中实现直接联系买家发送账单的功能，这样也可以帮助卖家节省时间。

③由于网络状况，致使一些买家的邮箱未能够收到邮件。如果当顾客 2 天内没有回复的邮件，可以主动打电话进行询问。

4. 买家款到详细记录

网上购物的买家众多而且繁杂，使用的汇款方式不尽相同，汇款的时间也会有很大的差异，对于卖家来讲，一定要及时记录下买家关于汇款的相关内容，包括：

①买家汇入的金额。记录该物品是否打了一定的折扣或者就是原价卖出，帮助卖家制定一些打折活动。

②汇款到达的时间。最让买家担心的就是款汇出后而卖家没收到，一旦收到货款一定要记录下来，并及时告知买家让其放心，随后安排及时发货。

③买家汇入的银行。要总结绝大多数买家经常使用的银行有哪些，从而清楚认识到：是否需要办理所有银行的卡。

5. 交易结束如实评价

评价是买卖双方对于一笔交易最终的看法，也是潜在买家们作为今后是否考虑购买物品的一个重要参考因素。好的信用会让买家放心购买，差的评价往往让买家望而却步。

①交易结束要及时做出评价，信用至关重要。一般，卖家都很在

意自己的信用度，在完成交易后及时做出评价，会让其他买家看到自己信用度的变化。

②评价具有重要的解释功能，为了防止其他买家因为错误的评价产生错误的理解，当买家对物品做出了不公正的评价，你可以在评价下面及时做出正确合理的解释。

③评价是买家是否购买该物品的重要参考。买家不会像卖家那样积极且及时地做出评价，但可以友善地提醒，让买家给你做出如实的评价。

6. 信息管理至关重要

全面的信息管理可以帮助卖家总结长期交易的情况，信息管理可以分为两个方面：

①总结目前物品成交的情况，包括成交物品的数量、成交率、一个月内登录物品的数量等，这些都有助于店主了解目前店铺物品的销售情况。eBay 易趣已经可以提供销售报告给大家了，建议大家运用这个销售报告分析店铺的情况。

②建立自己的买家资料库，汇总所有买家的信息将有助于你分析自己的买家群体，甚至可以根据不同的特性进行分类，发送相应的促销邮件。

7. 发展潜在忠实买家

买家是所有卖家的“衣食父母”。当用户成为你的买家以后，他们将成为你生活的供养，维护的好坏将直接影响他们以后会不会继续购买你的物品。

忠实买家所产生的销售额通常能够达到一定比重。所以对于曾经购买过你的物品的买家除了做好第一次交易，更要做好后续的维护工作，让他们成为你的忠实顾客。

①定期回访顾客。能与顾客建立起良好的客户关系，便可以从他们那里得到很好的意见和建议。如，可以用打电话或者 Email 的方式

关心客户。

②定期给买家发送有针对性、买家感兴趣的邮件，切记不要太频繁，否则很可能被当作垃圾邮件。另外，宣传的物品绝对要有吸引力。

③把忠实买家设定为你的 VIP 买家群体，在店铺内制定出相应的优惠政策，比如可以让他们享受新品 8 折优惠等。

8. 不同买家不同备注

卖家们应该仔细地总结自己买家群体的特征。因为只有全面了解买家情况，才能确保进货正好是买家喜欢的物品，才能更好地发展生意。

建立买家的资料库，及时记录每个成交交易的买家的各种联系方式。总结买家的背景至关重要，在和买家交易的过程中了解买家的职业或者所在城市等其他的背景，能帮你总结不同的人群所适合的物品。

购买能力很强的买家更要作为你总结的重点，发展这批群体成为你忠实的买家有助于提高你的生意。

9. 平和心态处理投诉

正如前面所说，任何卖家都不可能让所有买家 100%满意，难免会发生顾客投诉的情况。处理客户投诉是倾听他们的不满，不断纠正卖家自己失误的过程。如果维护卖家信誉的补救方法运用得当，不但可以增进和巩固与客户的关系，甚至还可以促进销售的增长。

第七章 网店的长远经营

第一节 开网店的经验和技巧

一、开网店的经验

1. 网店的建设与宣传

怎样定位是网站建设前必须要考虑并做好的，不但要有一个有特色的名字，还要有自己的特色产品，才能让网站占得先天的竞争优势。为了买家更好地找到并选择商品，网店所经营产品的种类一定要划分得清楚明了，还应该做好相关的友情链接。

2. 网店的装修设计

同现实生活中一样，环境优美、装修设计有特色的店铺才能招揽更多的顾客光顾，开网店也是一样，要结合网店的特色风格进行设计和宣传。

3. 在线客服

售前、售后的服务工作做得好，才会有更多的客源。为了保证顾客在买东西时能随时找到你并进行问答，最好旺旺、QQ、手机同时在线，方便顾客快速联系到你。

4. 提高信用等级

网店建设初期，没有太多的单击量，也就没有信用高低可言。为了多赚一些人气，就要抓住一些买家的购物心理，更多地开展一些适当的促销活动，买家在选择这些产品的时候，也会关注店里的其他商品，这对提高销售量有很大帮助。

5. 博客论坛宣传

开设专业的博客，这些和自己产品相关的论坛可以帮助卖家进行宣传，再写一些与自己所卖产品相关的文章。

6. 资料的推广

可以写一些网店中经营产品的资料和小常识，文中可以加上自己的网店地址，也可以在签名里面设置，从而起到宣传的作用。

7. 签名的推广

利用论坛的签名档来带动相关网店图片的宣传，也可以利用 QQ 签名来及时发布促销信息。

8. 关键词的优化

用户在买东西时，都是从搜索相关的产品开始，因此，在设置产品名称时，尽量使用一些大家比较常用的关键词，要让买家多次搜索到你的店和产品；或是使用“最低价”和“特惠”等词来做商品促销宣传；同时对商品的描述应尽可能详细。

9. 促销宣传

可以利用节日展开促销活动，因为节日期间都有大量的与节日相关的商品搜索，利用每个节日做促销和宣传。当然，在每次发货的时候，最好附带一些个人名片或宣传的资料等，这样会带来更多的客户资源。

10. 分析自己网店的买家

根据以往交易过的买家的职业、年龄、爱好等分析客户的特点，可以到他们常去的论坛等场所进行相应的宣传，还可以对应买家不同的特点进行宣传推广。

二、开网店的经营技巧

1. 勿定价过高

任何生意都讲究薄利多销，开网店也是一样。若一开始就把网上店铺商品价格定得太高，不仅不会有好的销售，反而会使第一次来看货的买家对网店产生不好的印象。

2. 放松心态

做生意多赚钱，这无可厚非，但凡事都把钱看得太重，做事就会适得其反；反之，若抱着平和的心态，则会更容易得到许多意想不到的收获。交易要讲究缘分，如果只看重钱，会给买家留下卖家很势利的感觉。

3. 不急躁

对买家要有耐心，对方有任何问题都应该及时地解答，心态要摆好，店里没有生意时，也可以多关注顾客的需求。

4. 真诚交流

卖家要用真诚的心态去服务顾客，要用对待亲人、朋友一样的心态去和他们交流。

5. 注意沟通技巧

无论面对的是新顾客还是老顾客，都应该注意沟通的方法和说话的技巧，这样会让顾客在心理上安慰、舒服。

6. 换位思考

把自己当作网店买家来考查自己的网上店铺产品和网店服务是否完善、到位。

7. 优良的客户服务

从联系买家，到购买发货，再到收货，是最考验网店客服能力的环节，一家有实力的网店的客户服务能得到网店买家的信任和认可。

8. 销售技巧

注意销售技巧很重要。往往很多卖家在销售过程中喜欢给买家推荐许多商品，这样做会给买家留下店铺掌柜不专业的印象，从而失去交易机会。建议介绍时先了解对方的真实需要再加以推荐，效果会更好。

9. 及时发货

24 小时之内发货为最佳。

10. 不断学习

要始终保持“终身学习”的态度，要多掌握和自己店铺产品有关的知识，这样才能带来更大的收益。

第二节　开网店的方法和注意事项

一、快速升钻的方法

快速升钻，以下几点是很重要的。

1. 价格不要抬得过高

网上购物，价格便宜，购买方便，因此，人们乐于购买。如果价格太高的话，顾客“货比三家”后，就会觉得店主做人欠厚道。所以要经常去看看他人的价格，及时调整自己的价格，这样才会在价格上保持优势。

2. 价格公道

店主会把商品的价格压低，却把邮费提高，这也是一种很不厚道的做法。很多买家在买东西的时候，不仅看价格，还看邮费，很多买家不愿意买邮费过高的东西，所以一定要把邮费压到最低点。

3. 选择商品要新颖时尚

网络购物，往往是年轻人比较青睐的。尤其是年轻的女孩子，她们都比较喜欢那些价格便宜、款式新颖时尚的东西。在没有很好的货源的情况下，不妨卖一些女性用品，这样比较好卖。

4. 坚持实物拍摄

用实物进行拍摄。买家收到货以后进行对比，如果图与物相符，会给人一种由衷的喜悦和对该店的认可。可有许多店主为了提高销售额，经常会在官网下载漂亮但与实物不符的照片，买家收到货以后，就觉得自己被骗了，自然会给该店铺差评。

5. 态度决定一切

如果你的服务态度诚恳，“知无不言，言无不诚”，能够及时而诚恳地回答买家的问题，便会给你的店铺增加不少的好评。

6. 包装精美、牢固

精美牢固的包装不仅可以保护货物不被弄脏弄坏，而且能让买家感受到店主的服务周到、专业。如果货物本身很好，包装却很糟糕，也会引起买家反感。如果由于包装不好，导致货物在运输过程中出现问题，到了买家手上成为次品货，到时候再解释买家是不会相信的。

二、吸引更多顾客的方法

（1）设计并装修有特色的店铺。

（2）要及时、准确地发掘并掌握买家的各种实际需求，结合买家需求进行店铺调整。因此要求店主平时多参加各类活动，积极到社区论坛的交流区看帖。

（3）通过参与发帖的宣传方式对店铺进行宣传。

（4）模板的设计一定要符合产品的特点。

（5）产品照片要清晰有效。商品图片不但要清晰而且一定要有细节图，不可过分地 PS，否则会引起买家对产品与心理预期的巨大落差，中、差评就不可避免了。

（6）要深入了解产品相关知识，这样在与顾客沟通时会显得从容，给人以专业的感觉，买家就会产生信任感。

（7）对待买家的咨询一定要耐心、热情。

（8）维护好与新老顾客的关系。平时与老顾客多交流，多问候，了解对方的需求与变化。

（9）优质的售后服务尤其重要。

（10）有信心，有耐心；多学习，多总结。刚开始经营网店难免会遇到各种各样的困难，要多学习他人的经验与优点，结合自己的实际情况不断探索，总结经验。

三、减少库存的方法

网店最让人头疼的一个环节就是库存问题。一方面导致资金积压，无法流动，从而使店家商品更新周转慢，丧失许多商机；另一方面，也会使店铺的整个利润空间减小。当然，处理积压库存是不得已而为之，绝非上策。

面对不合理的库存，只要能够清醒地认识到其危险性，就能拿出更好的办法来应对。以下介绍几种减少库存的方法。

（1）产品开发，适销对路：主动了解市场走势，积极开发产品信息，开发出本区域适销对路的产品。

（2）提高订货准确率：要充分了解产品消费群体的消费心理和消费特点，培养预测产品销售走势的能力，以保证订货时能够准确选订适销对路的产品。

（3）了解自己的销售能力：透彻分析本店的销售能力和产品组合，科学分配所订产品的总量及配比。

(4) 科学化管理库存：建议采用计算机管理货物库存，准确把握畅销、滞销等产品的销售情况，并及时补充缺货产品，合理处理滞销产品。

(5) 提高客服销售能力：锻炼并提高滞销品的销售能力，采用恰当方法进行库存消化，如鼓励导购员推销特卖品，提高单位产品销售提成，假如正品提成1元，则特卖品提成5元。

四、开网店的注意事项

1. 基本注意事项

(1) 安心

当下电子商务如火如荼，网店如雨后春笋，然而成功者少之又少。因此，众店家要着眼实际，切勿“眼高手低”，要安心静心，付出总有回报。

(2) 遵纪守法

遵守国家的法规政策是每一个公民的义务。切勿经营国家法律法规明文禁止经营的商品。开办网店时必须进行申请注册，及时缴纳相关税费。

(3) 诚信

“诚信为本，德者赢天下”，经营网店重要的就是诚信，不能有欺骗消费者、谋不义之财的心理与行为。

(4) 平心

网上开店虽然成本很小，但也算是一种投资行为，同样有经营风险的存在，因此要有足够的心理准备。当下大多数的网店生意并不如意，真正盈利的网店只是少数。因此在开店前期要谨慎、认真，做好前期考察，一旦遭遇波折，就要以平常心去面对。

2. 其他注意事项

(1) 关于信用炒作商品的管理规则

其主要包括以下几种情况。

①发布无独立载体的信息，即纯商品。其包含商品信息介绍、免费信息、赚钱方法、会员招募、减肥秘方以及购物体验介绍等，但不仅限于这些情况。

②发布免费获取或低价的商品。其包含无偿地从发行方获得的优惠券或资格权、免费商品、软件下载、电子刊物（凡是通过网络传输的一切电子商品）、电子邮件地址邀请等；1 元以下虚拟类商品（不包括 Q 币/收费 Q 秀，点卡按元充/游戏货币，Q 币/收费 Q 秀/点卡按元充，新手卡不能低于 0.1 元）；1 元及 1 元以下服务类商品等，但不仅限于这些情况。

③扩散有明显“换好评”的文字内容的商品信息，例如，在商品留言、心情故事及宝贝描述中进行描述。

④虚拟物品的购买数量进行限制。其包含限制某件商品一个 ID 只能购买一件，但不仅限于这些情况。

⑤如果一件商品拆分为多个页面发布，则该商品属于信用炒作商品。一般包含商品和商品的运费分开发布等情况，但不仅限于这些情况。

（2）放错类目或属性的商品的管理规则

商品属性与发布商品所选择的属性或类目不一致，或将商品错误放置在淘宝网推荐的各类目下，淘宝网将判定为放错类目商品。放错类目商品将被做下架处理。

（3）乱用关键字商品的管理规则

卖家为使更多的买家能搜索到自己所发布的商品，或者为了吸引人们的眼球，便会胡乱使用与商品无关的字眼，或乱用品牌名称等。这种行为不但会扰乱淘宝网的正常运营秩序，也会被淘宝网判定其相关的商品为“乱用关键字”商品，其行为属于违规行为，具体表现为以下几个方面。

①商品标题中使用了非用于描述该商品的字眼。

②故意在所出售的商品标题中使用淘宝网正在热推的关键词，并且该关键词和内容商品无直接的关联。

③在所出售的商品标题中使用非该商品制造或生产公司使用的特定品牌名称。

④在所出售的商品标题中出现与其他商品和品牌相比较的情况。

⑤在标题中使用“最佳”“最高”“最好”等最高级描述。

（4）形式要件违规商品的管理规则

所发布的商品标题、图片、描述等信息缺乏或者多种信息互相不一致，被淘宝网判定为形式要件违规商品。例如以下几种情况。

①除虚拟商品和服务性质商品外的商品无图片。

②图片与标题、描述不符。

③商品信息中包含他人 ID 等非商品信息。

第三节 精于管理店铺

一、商品的管理

网店经营作为商业经营的一种，同样需要花费时间与精力。做任何事都要有长远的眼光，那么关于店铺的长远经营，并且该怎样管理，下面是一些经验及说明。

商品介绍文字的写作：

在网店上进行商品销售，无法和顾客进行“面对面”交流和销售，顾客只有通过浏览图片和查看商品描述的文字介绍来了解商品的详细信息。因此，这时的商品文字介绍就起到了销售人员的作用。

众所周知，相同的实体店在营业额上的差距，很大程度上在于销售人员的能力差距。同样的道理，相同的网店商品会因不同的文字介绍而导致销售额的差距甚大。由此可见，商品的文字介绍是非常重要的。

然而，正是因为一些店主深知文字描述的重要性，从而想尽一切美好的语言、词句将其美化，使商品如诗如画一般，可关于商品的信息却无处找寻，这样会使顾客摸不着头脑。

真实而简洁、优美而质朴的文字才能使商品达到最好的呈现效果，让顾客“流连忘返”。如介绍一台笔记本，首先要介绍它的外观、规格，以及内在硬件配置和体验感。然后，要说明电脑具备的功能与特点，最后要注明它是商务本，还是游戏本，适合哪类人群使用等。只有把基本信息介绍完后，才可为产品做一些生动、美好的描绘。

这样的描绘最好使用抒情诗的手法，或者以一个体验者的口气来进行诉说，这样才能够激发消费者的购买欲望。

又如，下面有一款网店上热卖的名为“金顺姬可爱小猪”的毛绒玩具，看一下什么样的介绍语言更能留住顾客。

案例 1

在某网络平台销量第一的小猪玩具是这样被介绍的。

品名：金顺姬小猪，高 40cm，宽 31cm，厚 29cm；外部材质：超柔毛绒；内部填充物：PP 棉；颜色：粉色和白色两种；符合 GB6675—2003，手感好，造型可爱。

本产品适合三岁以上儿童及成人使用。请勿将填充物放入口中，以免不慎误食；远离火源；布料类可以水洗；请及时将包装袋收好，避免幼儿玩耍而引起窒息。

推荐语：“亲！你们好，我就是超级无敌可爱的金顺姬帅小猪！快看，快看！我的衣服是多么的优美，多么的靓丽，多么的柔软而富有质感啊！最重要的是我这条蓝丝带，带着它是那样的飘逸，这样才符合我优雅高贵的气质嘛。对了，对了！还有我秀发上的蝴蝶结，它是多么的精致、美丽啊！亲，你寂寞吗？如果是，那我就是你亲密无间的小伙伴；亲，你累了吗？如果是，我可以静静伴着你；亲，你快乐吗？如果是，你可以与我分享的；亲，你烦恼吗？如果是，我就是你的感情垃圾桶……”

“金顺姬姐姐就很喜欢我呢，你们看，这是我们的合影（下面附着金顺姬怀抱可爱小猪的剧照）。你喜欢我吗？不要走开，抱抱我，你一定会爱上我的。”

“话说，今年是我们小猪的天命年，我的身上沾有上天赐予的喜气与福运，谁得到我便会超幸运！”感受到这只小猪的可爱与幸运，你舍得离开吗？快，伸出你的右手食指，单击鼠标，确认购买吧！

完全相同的小玩具，其他店里的销量就很少，有的店甚至比这更少。甚至有的店在价格上已经很低，可是购买的人还是很少。仔细查看了一下文字说明，原来店主只有简单的几个字：“这只小猪可以水洗，质量不错，价格超级实惠。”

粗心大意的店主，就连商品的基本质量、尺寸和质地都懒得描述一下。即使是顾客有心购买，看到此段文字描述后便打消了念头。因此，描述清楚商品的基本信息，说明优势所在，这些是非常重要的。当然语言越容易让人有亲近感越好，千万不要晦涩难懂，否则容易让买家感到一头雾水。

如果店主想招揽并勾起顾客的购买欲望，也可以去借鉴学习同类店铺的成功经验，从中获得启发。但千万不要抄袭他人，否则会面临被投诉的危险。

二、商品的定价

在商品定价的这个问题上，可不是店主转转眼珠就可以想出来的，它可是一门学问。当下电子商务市场如火如荼，网络店铺云集，无数商店同时销售同一商品的现象非常普遍。假如你的定价比别人高了，顾客就不会来购买你的商品。可是定价低了，那就可能会赔本，即使不赔本，也会由于利润低而“白赚吆喝”。

价格的高低变化是最让顾客敏感的，所以店主在定价前要与同行业商品价格进行比较分析，多掌握些定价理念与窍门。

1. 化整为零定价法

对于那些经营昂贵商品的网店来说，由于产品价格不菲，常常会令顾客望而却步。因此，经营此类商品的店主便可采用“化整为零”的办法，从而缓解顾客的心理压力。

例如，价格昂贵的保健品，一整套的价格要 8000 元，这对于一般阶层来说可算不小的费用。如果店主把它分开定价，单件商品就会便宜许多，这样的价格比较容易让人们接受。同时在知名品牌的影响力下，这样的方法一定会获得不错的效果。

一般包装精美的商品会给人一种华贵的感觉。这时候，店主就可以采用以小化大、化整为零的方法来进行销售，如茶叶、促销装的日用品、礼品等。

案例 1

梅某经营着一家化妆品的网店，一个季度就轻轻松松地做了 900 多个订单。平均每个月的业绩都远远地超过了经营了许多年的老店铺，并且生意节节高攀。

进入她的网店，不难发现她的妙招。梅某的秘密就是采取了化整为零的销售办法，将本来大包装、价格昂贵的商品，变成人人买得起的小包装产品。就是这个简单的变化，让那些原本“望名牌却步”的工薪阶层成了她的忠实顾客。

就拿她销售的睫毛膏来说，厂家售价是一盒 10 瓶、定价 200 元，经梅某拆包后，售价 20 元 1 瓶。如此一来，众美女们便都有心来尝试了。

同时那些想要试用一下效果的人，也有机会去体验新产品的效果。不需要花费太多的钱，还可以了解此产品是否适合自己。

一般大瓶装的香水，网上销售效果也不理想。究其原因就是顾客无法试用，不知味道如何。如果买了一整瓶，但实际效果不是自己所期望的，便浪费了时间和金钱。而梅某把大瓶的香水分装成许多小瓶，按照小定量的方式进行销售。

如此一来，许多顾客不但可以把此产品当作试用装用，还无需花费太多金钱便得到自己喜爱的商品。顾客如果喜欢它的效果，觉得不错，就会经常购买。即使自己不喜欢，也不会有太大的损失。并且，此类化妆品包装小巧精致、便于携带，对于那些爱美的女士来说真是不二选择。

2. 适当提高价格

总是有些店主可以找到他人无法找到的商品，因此他们在进货途径上便占据了优势。而这些产品又往往是很受消费者欢迎的，店主自然会给它们定出很高的价格。这样商家的商品既可以在那些“不差钱”的顾客中树立品牌形象，又可以从中获取高额利润。

不过，这样的定价是有前提的：“独此一家，独此一份”。只有符合这样的条件，才可这样高定价销售，否则万不可这样尝试。

案例 2

媚兰是一个美丽的店主，富有活力的个性，使她待人热情、和善，乐于与人交往，因此她的朋友遍布全国各地，每逢新春佳节便能得到朋友们寄来的许多富有地方特色的礼物。

长年累月，这些礼物便堆积如小山，于是媚兰产生了把这些东西挂在网上售卖的念头。再三思量之后，她决定开一家网上礼品店。

后来她又联系了货源，网店就开张了。在定价的问题上，媚兰考虑：自己的商品都是市面上少见的，如果定价太低，会给人以质量上的疑虑。并且如果价格太低，供货量又不大，想获得利润很难。再三考虑后，媚兰决定定一个高价位。

比如，泰国的那些纪念品，平均的价格都在1000元左右；那些马来西亚的工艺品，售价更高一些……但是，这些商品都颇具异域风格，国内的市场少有，再加上其美丽、浪漫的气息，很是受年轻白领的青睐。

很多要送朋友礼物的顾客都来媚兰的店铺进行挑选、购买。这些纪念品个性十足，做工精美，国内难得一见，所以顾客很是喜爱。

现在，媚兰的店铺十分红火，每个月都能做成五六单生意，虽然看着走量不大，但是由于单位价格的原因，收入还是非常可观的。

3. 低价攻略

商家的软肋便是价格，只有具备合理的价格优势，生意才能长久、红火。我们经常能见到一些大超市、大商场为了招揽顾客，会大打折扣。但是价格太低，就有可能赔本。

实际上这是“打价格战”，一种低价攻略。并非每件商品都比别人低很多，只是众多商品中的一少部分打了一定的折扣罢了。消费者只要看到某种商品便宜，便会进行疯狂购买，并且连带购买其他商品。

这样一来，在顾客购买这些商品的整个过程中，价格低的商品与价格高的商品进行价格平均，不但没有赔本并且还赚了钱。不过，这种方法不适合进行高档商品的营销，会影响高档商品在消费者心目中的地位。

4. 一分差价法

基于人们的消费心理，在为商品定价时，最好不要将价格定到一个整数，最好离那个整数差一分钱、一角钱或是一元钱。如，一件商品最好不要定价100元，最好为99元或99.9元。

这种方法不但基于人们的消费心理，同时在与他人竞争的比价中也能占有优势。这种定价方法还可用在与别的竞争对手比价的时候，给自己商品定的价格可以永远都比竞争对手低一分、一角或者一元。

39.9元、59.9元、99.9元等标价，在众多商场或超市里屡见不鲜，人们也早已见怪不怪了。不要小看这一角、一元钱的价值，其实这样的价格定位，在商品销售中起到的实际效果是非常之大的。

5. 整数定价法

在销售一些高档商品时，一定要定整数价，如 30000 元、50000 元、90000 元等。

之所以这样定价就是为了凸显商品的档次与品质。例如，某著名品牌的睡床定价为 50000 元，这样的价格方式更能显示出商品的品质与品牌实力。

人们的印象中往往觉得“高档消费品质量好，价格就应该高”，因此消费者的心里便会更踏实：“一分钱，一分货”。购买高档商品的消费者，为了炫耀自己的资本，往往“只选贵的，不选对的”。

在这种情况下，店主就要为顾客把好脉，千万不要企图用低价讨好顾客。因为对于讲求高档消费的顾客来说，那样只会让你吃亏，还不落好。

6. 调整定价法

像鲜花、巧克力、圣诞礼物等季节性很强的产品，有时红火，有时冷淡。对于这种产品，就要采取调整定价的方法。

每逢圣诞节，圣诞礼物的销售就会十分红火，优质礼品的单价会卖到上千元，但节日一过，这些礼品就会滞销，无人问津。所以，店主要学会根据市场需求合理调整商品价格。

例如，平时鲜花店里鲜花的定价会很低，等到情人节期间，购买的人多了，便可以相对提高价格。如此一来，不但可以获得高额利润，还可以平衡淡季的销售量。

三、供货与促销

1. 与供货商沟通

店主应多与供货商沟通。往往供货商具有多年的供货经验，他们常与形形色色的人打交道，在与他们的沟通中能学到许多经验。同时，还可与供货商沟通感情。

（1）可以多跟供货商沟通商品的设计、质量和用料

在与供货商的聊天中，不仅可以掌握每一款商品的销售情况，还可以听取他们对于商品的评价与建议。

拉近与供货商的距离，他们自然会透露出某些商品的优缺点，怎样的客户评价，哪种款式畅销，以及特殊材料的打理办法。

供货商还很有可能向你提供最新的商品信息，比如，旧货打折、新货上市等近期的商业潮流、供需变化的信息，这些对于店主都是非常具有价值的。

（2）要注意通过感情沟通，获得进货时的优惠价格

一般来说，供货商给出的进货价格都是根据你的进货量来确定的，如果你的进货量很大，他就会给出相对较低的价格。

一般情况下，鉴于网店经营的特点，每家网店的每次进货量都不会太多。特别是新建网店，更不愿意有大量的商品积压。为了逐步了解市场需求，一般的店主只会进一小部分的样品。为了保持稳妥、规避风险，只有在需求量大的时候才进行补货。

小量的进货方式，往往不会让供货商把进货价降低，因此要及时与供货商进行沟通、交流。店主在与供货商的逐步交往与交易中，要给予供货商足够的诚意和信心。如果每次进货量不大，则要用补货频率来让供货商把价格降下来。

即使店主每次进货数量不多，也要经常到供货商那里去补货。加之，货物周转够快，与供货商进行长期合作，会给其增加收益。在这种情况下，供货商还是希望长期合作的，因此供货价格会比较合适。

为了不使供货商轻视你，在与供货商进行沟通时，要尽量显示出自己成熟、有经验的一面。在交往过程中，并不是去吹嘘自己，要使自己显得大方、内行。

例如，当进货时，不要把件件包装都打开而进行一一点货，这样会使你显得锱铢必较、小里小气，供货商也会觉得麻烦，从而不愿长期合作；当一些商品不好销售，但进货量不大时，最好不要提出换货的要求。

在每一次进货时，如果店主都提出相似的问题和要求，那么供货商就会觉得店主不成熟，经商经验不足，胆小而又小气。然后，他就会给店主很高的报价。对于每次进货量很少的商家，供货商能够更换次品已经是很好的支持了。

2. 促销、返券与赠品

商家的核心目的就是提高销售额，获得更多的利润。因此商家会经常搞促销活动，刺激成交量，不仅能招揽更多的顾客，还可以有效地与对手竞争。最重要的是能使自己的品牌为更多的人所知晓，起到宣传效果。

消费过程中，顾客在购买商品的同时，也是在感受和了解商家的服务、品牌、价格等的过程。消费者的购买过程具有很强的联想性和极高的敏感度，他们在了解一个品牌产品的同时，会在内心对同类产品和竞争品牌的相关信息展开一系列的综合比较，从而让产品在自己心中形成一种定化。

促销实质上是一种沟通活动，即营销者发出作为刺激物的各种信息，把信息传递给一个或者更多的目标对象，以影响其态度和行为。

比如，在“十一”国庆的时候，为了提高销售额，招揽更多的顾客，各大商场、超市都会采取各种优惠促销的措施，而且各种媒体界面上更是充斥着“买一送一”“全场一折”等促销信息。

促销活动对于网店的经营，也是必不可少的。不要光是在销售旺季进行促销活动，在销售淡季时更要多搞促销活动，来减轻淡季销售压力。

一般来说，促销有直接降价、返券和馈送赠品等多种形式，这些促销形式各有各的特点，各有各的优势和劣势。

（1）直接降价

这种促销方式虽涉及商品面不大，而且降幅有限，但也是商家常用的一种方式。

由于当下网络交易的竞争非常激烈，就一般网店来说，在日常的销售中的利润没有多丰厚。对于那些平时生意就冷淡的店主来说，采取降价促销的方式就更不现实了，因此“降价有风险，促销需谨慎”。

在实施促销降价的措施之前，商家要有一番精心的预算。各种花费、成本都要进行计算，一旦操作不慎，就难以挽回损失。因为这种方式难以更改，或者说没有后悔的机会，不然就会影响自己的信誉度。

（2）返券促销

当下的众多商家都很喜欢返券促销这种促销手段。之所以备受欢迎，是因为这种方法不但可以显得优惠幅度很高，还可以让消费者循环购买商品，大大增加商店的销售额。

举个例子来说，商家可以实行“买500送500”的促销策略。这样，顾客就会有强烈的购买欲望，一气买下价值500元的商品，然后就去使用返券了。

顾客又不可能一次性地把返券花费完，因为在他花返券时，又会获得另外的返券，因此顾客又有使用返券的机会，便又去购买一些商品，从而凑足返券数额。因此顾客就会不断地补钱，使用返券，再补钱，如此反复循环，理论上是没有休止的。商家便会在这样手段的实施中赚得盆满钵满。

（3）赠品促销

赠品促销这样的手段不算新鲜，但它可是个经典的促销手段，是促销过程中屡试不爽的妙招。

一般的赠品都是那些成本小、销售不好的商品。然后，规定买够多少钱就可以赠送什么赠品，买得多送得多。

要注意，商品的定价和赠送赠品的购买额之间要拉开距离。如果商店里的商品单件定价 50 元，那就可以把赠品的购买额度定在 75 元左右。这时，顾客在购买商品时就会更多地购买商品，以达到获得赠品的机会。

当然，还可以设定阶梯式赠品，如设定购满 55 元送一款小赠品，购满 70 元送一款中号赠品，如果购满 100 元可以获得大礼包的办法。

在众多的购物促销手段的实施下，店主会渐渐地发现自己的销售额明显地提高了。如果想再接再厉，还有积分法可供使用，顾客为了获得更多的积分，就会经常性买你一家的商品，成为回头客。在他们成为商品的“忠实粉丝”的同时，还有可能介绍更多其他顾客来店消费。

当下的生意经讲求“双方共赢”。店主们要想生意兴隆，就要与消费者共赢，不要使用欺骗的手段来获取利润，欺诈性的生意不会做得长远。

四、宝贝更新与宝贝包装部分

只有学会换位思考，真正地了解消费者的消费心理，并且做到周到、细致的服务，才能把生意做得兴旺。要想顾客所想、急顾客所急、心细又周到。其中之一是应做好应季商品的上架工作。

1. 应季商品上架

案例 1

小雪在网上成功地经营着一个礼品店，她是一个成功的店主。对于如何把店铺经营得这么好，小雪常常笑着说：“其实也没什么秘密，就是要为顾客多着想，为他们多准备品质好、样式多、价格优惠的商品就好。”

原来，小雪心里有自己的生意经，她明白礼品的销售量和许多节日息息相关。例如，“情人节”，就要为有情人们多准备漂亮的礼物，诸如爱情对戒、音乐盒、情侣衫、爱情巧克力等。

如果快到母亲节了，小雪就要准备各种保健产品，如磁疗仪、保健枕、红外保健服装、各种血压计、降糖保健品、脑白金、老年专用的电器、报警仪、高级助听器以及各种方便老年人用的电子产品等。

“六一”儿童节，就要提前为小朋友们准备好礼物，诸如花裙子、男式儿童套装、礼品玩具、学习用具礼盒、儿童防滑鞋等。

除此之外，每到换季的时候，小雪还要购进很多能够帮助人们顺利转换季节的产品。

夏天来了，小雪店里就准备了各种遮阳伞、遮阳帽、带电扇的遮阳伞、带冰袋的遮阳帽、礼品空调扇、防晒礼盒、自行车防晒伞、汽车用的凉坐垫，以及各种礼品装凉席、凉垫、高级牛皮拖鞋等防暑降温类商品。

冬天将至，她就会准备保温杯、电暖器、手炉、温暖的床上用品礼盒、电子保温垫，甚至连手机的毛绒礼品套、宠物的冬装和宠物家具都很齐全。

当然婚庆市场利润也十分丰厚，精明的小雪自然不会放过这个赚钱的机会。在婚庆高峰即将来到的时候，小雪就忙得不亦乐乎，她将婚庆用品准备得一应俱全，甚至还会到国外去搜寻大量新鲜、豪华、极具创意的婚庆用品。有了这样的心思，准新人们当然能够找到小雪的店铺，并在这里疯狂采购。

能做到如此细心，全心全意为顾客着想，小雪的店铺自然就红红火火了。

销售应季的商品，不但销售量大、价格高，更能为经营提高利润。但是，有许多店主发现，应季商品卖的价格高，但进价也高，并且有时还有货物供应不及时、货品种类不齐等问题。为了克服这些问题，很多店主都会适量压货。

也就是说，每个季节都会有适量的上半年或者去年的商品存货，这样就可以在别的店还没有拿到新货的时候，自己却有应季商品可卖。

对于某些特殊商品，提前进货可以拿到非常低的折扣。例如，六一儿童节临近的时候，玩具礼品等商品的进价会极高，如果提前几个月进货的话就大不一样了，价格会再合适不过。

在店主选择压货的时候，要提前关注流行趋势及保质期等各种因素。一旦稍有闪失、不当的地方出现，比如盲目压货，不但难以与应季商品市场相对接，更会导致滞销、亏损，得不偿失。

2. 商品更新

消费者可以通过商品的更新速度来判断一个店主的用心程度。毫不夸张地说，顾客光顾一个店铺的频率会随着店主对店铺内商品的更新频率的快慢而变化。

案例 2

大林不但是一个成功经营网店的店主，还是一个在极短时间内就做到了钻石级的卖家，而跟他开店时间差不多的朋友们却还只是两星卖家。于是大家就去大林家取经。在众多好友的追问中，大林不得不把自己的经营秘诀公布于众。

原来，大林最先打出“店中每周每天都有新折扣”的广告。当其他店主开第一家店时，因为他们不知道怎样进行商品销售，不敢进货很多，但他反其道而行。

大林认为：我是新手，不知道客户真正需要的。所以进货是多元的，只有这样才能让每个客户都在他的店里找到喜爱的东西。因此，其他开店的人可能只有几十种货物，大林的商店却有几百种款式。

再加上他每周补货，所以几乎每周都有大量新的清单。因为大林进货量大，补货很是频繁，所以供货商都认为他是个优质客户，愿意和他打交道，都会给他把价格降到很低。一旦供货商有新产品出现，会在第一时间打电话给他，所以他总是可以得到最新的产品。

根据大林的统计，一般网民每周访问商店的频率在 1~3 次，根据大林的购买频率，每当顾客光顾商店时，都可以在很多产品中发现自己满意的，便会立即下订单、成交。

购买的频率高，可以增加客户光顾商店的频率。即使是通过口口相传，也会有越来越多的客户加入到他们的行列。这样一来，销售量会成倍增长。

销售量大，进货的价格自然会很低，长久下来，就会形成良性循环：供货商给出最低的价格、最新的货源；顾客看好你，不只自己购买，还会带更多的顾客前来购买。从而使得店内出现商品物美价廉、店中顾客熙熙攘攘的局面。当然，最大的受益者还是店主本人，既挣到了人气，又挣到了钱。

快速更新的好处还有一个：新上市的商品可赚更多，同时又有给予最低价的供应商。一旦过了商品销售季节，便可以大大减少销售量，这样不仅可以快速收回资金，而且可以吸引大量的客户来购买折扣商品。

那些追求实惠的客户能够在大林的店里找到实惠的新品，而且那些追求时尚的顾客也能第一时间买到新品，因此大林的网店才如此兴旺。

大林的这一番话使他的朋友们感觉很有道理，他们的店之所以没有回头客，就是因为他们商品更新、进货的速度太慢。

实际上，任何生意都具有一定的风险性。如果总是担心生意亏本，畏首畏尾，不敢大胆地迈开步伐，生意只能越来越萎缩。如果店内商品更新换代快，种类多而新颖，总能给顾客新鲜感，那么顾客会经常光顾，生意自然会红火。

都说“顾客是上帝”，只有上帝满意了，才能得到上帝的眷顾，才能使店铺的生意蒸蒸日上。“一分耕耘，一分收获”，只有让顾客感到被重视，顾客才能给你以回报。因此作为店主要勤奋起来，经常更新货品、补充货源，顾客才不会辜负你。

3. 商品包装统一管理

可能有些比较细心的店主注意到，往往大商场、大超市都有自己特定的包装，包装上印着自家的商店名称、地址、电话等。这样做的目的，第一，是为顾客提供方便；第二，在顾客使用包装袋的同时，可以为商家做免费宣传；第三，正规的包装也可以让顾客觉得这家商店很正规、很有实力。

这一点对于网店更是如此。顾客会因你的正规的包装而认为你的店铺也是正规的，还会在顾客心中提升店铺的品质。值得注意的是，因为你的包装正规，如果在邮寄的过程中被小人偷梁换柱就很容易被发现，而无法在消费者那里蒙混过关。

例如，在包装盒上进行过精心设计的用心的店主，他的包装盒子表面用防伪图案的形式印上自己店铺的名字，然后用印有自己店铺名称的胶带封住纸箱。

如果把纸箱内的商品也用印有自己店铺名称的塑料袋包装好，再用店铺防伪胶布封住袋口，那么在消费者收到商品后，一旦发现封口有被打开并且重新封装的痕迹，就可以拒绝接收。这样就可以使消费者和商家的利益得到很好的保护。

如果消费者因你的商品包装盒或者包装袋设计得非常结实而且精美舍不得立刻丢弃，而是用它们去装别的东西。无意之中，包装袋或包装盒就会成为流动广告牌。

除此之外，为了让消费者在需要你的服务的时候，第一时间找到你，店主还可大量印制精美的店铺名片，卡片的一面印上自己的广告，另一面印上一些日历之类对消费者有用的内容（这样消费者就会长期保存这张卡片），并且卡片上要印上自己的店铺地址、联系方式和客户服务电话、QQ、MSN 等。

总之，商品的包装精美不但可以起到店铺宣传作用，还能为商品提供安全保护。包装做得好，就可以用很低的成本为店铺做意想不到的宣传；做得不好，就可能在细微之处失去很多宝贵的机会。

五、客户资料的管理

1. 管理客户资料

在与客户交流过程中，主要做的就是了解、抓住客户的心理。只有做到这一点，商店才会有订单，才会深受客户青睐。

但是，普通人往往很难猜透消费者的真正心理。事实上，一些店主总能抓住客户，接到订单，而有些店主却总是不被青睐，不能猜透客户的心思，而得不到订单。一个好店主要掌握客户心理其实并不困难，只要学会换位思考，从客户的角度来看问题，相信大家都可以成为优秀的店主。

有时你可能会面对客户的一些特殊要求，需要店主沟通时，要注意听取对方的要求，这样你就可以知道他在颜色、形状、品位、风格、消费和其他方面的好恶。

俗话说：言多必失。在与对方进行沟通的时候，要做到少说，多倾听。但也不能话太少，否则容易让顾客觉得你不够热情。因为店主通过网络与客户沟通，因为看不见对方，所以不可能准确地判断对方的年龄、装束、气质等。店主与顾客交谈时，要通过巧妙的方法取得买家信息，用这些信息来判断对方的喜好是大有帮助的。

为了不引起顾客反感，广大店主千万不要像查户口的民警似的盘问对方。因为那样会显得你非常不礼貌，让人厌烦。

例如，对于经营服装的店主，可以在回答顾客问题的时候，采取一问一答的形式，但是效果一般。

顾客问：这种裙子有几种颜色？

店主答：一共有五种，黑、白、粉、黄、蓝。

问：尺寸是均码，还是有大小码？

答：不是均码，各种尺寸都有。

问：价格还可不可以再优惠些？

答：您如果是老顾客可以有适当优惠，或者一次买两条也可以优惠。

这样的回答，让客户可以有一个初步的了解，虽简单但不是情感攻势。除非顾客特别想买，否则成交的概率很小。

店主可以通过添加感情因素来回答这些问题，这样效果会更好。有时，即使客户不想买，也可能成为你的客户。

顾客问：这种裙子共有几种颜色？

店主答：这种裙子颜色很多，有经典的黑色、白色，适合各种职业人士；有那种非常时尚的淡粉色，适合年轻女性，穿起来显得非常活泼；还有今年最流行的水果色——明黄色，这是今年新推出的主打色，适合年轻人穿着；还有一种富贵蓝色，比较适合年龄大些的女士穿着，显得时尚又沉稳。

店主：您喜欢什么颜色？

顾客：我喜欢淡粉色，尺码是均码，还是大小号？

店主：这款衣服号码非常全，从 155 ~ 175 都有，您平时穿哪个码？

顾客：我平时穿的服装都是 165/88 的，价格还可以再优惠吗？

店主：那您可以拿一件这个号码的。价格嘛，看您第一次来我们店，只要衣服穿着合适，大家做个朋友，给您优惠些，穿着好以后多光临啊（如果是位老顾客，还可以说：我们对于老顾客是可以打折优惠的，您可以享受优惠价）！这款衣服，质量和做工都很不错，布料也很好，怎么洗都不变形、不脱色的。

顾客：好的，我订一件。

这样，店主在回应客户问题时，像一个老朋友，充满了友谊，让客户觉得很亲近，不自觉地下了订单。店主也可以在发送货物后，发邮件给客户，提醒他收到货物的时间，注意对商品进行检验、签收的安全，这也将使客户在心中感觉很温暖。

有一个良好的印象，客户来店里购买的次数就可能会增加，甚至有的客户也能给你带来大量的新客户。对于这种有强大的购买力的客户，你可以给他更多的折扣或赠送礼物，与之保持良好的关系。

2. 客户资料的管理部分

精明的商人，在每一笔交易后都有一个详细的客户记录，这样不仅方便记账，还可以记录下许多客户的私人信息，对建立未来的业务有很大的帮助。

对于店铺的老板来说，每次都能轻易获得顾客的信息，如地址、电话、QQ 等。如果是一个服装店，店主就可以知道对方的衣服尺寸；如果是一个礼品店，也可能了解顾客的有价值的信息，如生日。

案例

小娟在网上开了家服装店。这家服装店装修精致，服务到位，许多网友都把它作为温暖聚会的场所。在这里，有什么麻烦、美好事物总喜欢与小娟分享。小娟会耐心地与这些好朋友聊天，或分享他们的喜悦，或帮助他们找到好的办法。

说到这里，你一定觉得奇怪，为什么小娟人缘这么好，能获得这么多顾客的信任和青睐？

记住每一个客户的姓名、年龄、住址、职业、服装尺寸和爱好兴趣，甚至生日和结婚纪念日，以及其他的重要数据，利用一切机会来交谈，了解对方的性格、爱好等，这就是小娟的秘诀所在。

现在，拥有自制的客户文件的小娟，可以掌握客户的姓名、性别、职业、住址、电话、QQ 号码、留言时的姓名、时间、电子邮件、身高、衣服的尺码、每次的购买记录、购买商品的价格和其他信息。

这个文件就是小娟战无不胜的法宝。在她的老客户的生日或重要的周年纪念日时，给客户发送问候卡或邮寄纪念品，进行问候。

小娟对每一个顾客都给予热情的招待。她不仅能推荐出顾客喜好的服装款式，而且还能够准确地说出顾客的偏好和尺码，这不能不使对方感到惊奇和高兴。

小娟会经常在老顾客下订单时主动报出对方的相关信息，这样一来顾客只要简单核实一下就可以了，很贴心、很方便。免去了买家填写大量订货表格的麻烦，因此颇受大家欢迎。交往时间长了之后，小娟就跟这些买家成了无话不谈的朋友。如果是新装到货，小娟会马上通知大家进行选购；一旦商品出现了什么问题，和小娟沟通也方便。渐渐地，小娟店里的服装销量越来越好，她的朋友也越来越多，这些好朋友还给她带来了大量的新顾客。

通过友好的销售和持续的经营方式，大家也给小娟的小店带来了实在的好处。有很多客户，在其他地方从不买衣服，而是来小娟的商店，让她帮助购买，当然价格也比其他商店的便宜很多。

在购买商品的时候，小娟严把质量关，即使有时进货物不当，她宁愿自己吃亏，也不进行售卖。有时，一旦客户买到了不合格品，一经发现，便向客户说明并给他退货且全额退款。

很多顾客在给小娟留言的时候都写道："小娟掌柜，谢谢你！在你店里买衣服，我特别放心，从来不用担心衣服的质量会有问题。我甚至可以不用记住自己的衣服尺寸，可以不用留下自己的邮寄地址和电话。"

"你的敬业精神为我们带来太多的方便。掌柜，加油啊，胜利永远属于有心人，我们永远支持你！"

随着这些支持者的帮助，她的生意做得越来越好。小娟经常说：

"最重要的是店主有用心付出的真心，才可以换取客户的信任和支持。先做人，再做生意，没有理由不成功。"话语虽然简单，但蕴含着真理，其中的价值还得众掌柜慢慢领会。

六、服务与风险规避

（一）优质服务

1. 感动上帝的服务

顾客对店铺的评价直接受店主的服务态度的影响。有些店主把所有的能量集中在商品的采购上，对于售后服务、客户服务却没有注意到。许多给出很坏的店铺评价的客户，即便是买到了自己满意的商品也不会高兴，就是因为店主的服务态度欠佳。因此，店主良好的态度和热情的服务在经营中是非常重要的。

聪明的店主往往会站在顾客的立场上，替其考虑问题，也更懂得倾听顾客的声音。尽管一些时候顾客的观点是不正确的，他们也会尽自己所能让顾客满意，将顾客的需要当作自己最重要的事情。但是，满意的顾客并不一定会成为店铺的忠实顾客，往往别的店铺一打"价格战"，这些顾客就会立刻转移。只有内心受到感动的顾客，才可能真正成为店铺的忠实顾客。

美国曾有一家很小的家电零售店。一天，一位顾客来到该维修部，说他的洗衣机质量出现了问题，要求该公司进行免费维修。紧接着让这位顾客感到惊讶的一幕出现了——在维修员接过问题产品的同时，又送来了另一台更好的洗衣机作为顾客的备用品。

虽说此番举动并没有多么的不同，但它给客户带来惊喜和感动。就是这小小的一个举动，决定了该家电零售企业的未来，决定了该电器在世界知名品牌中的位置。

一个抽油烟机的公司，原来的品牌影响并不大。然而，随着时间的推移，品牌的美誉度和客户忠诚度大大增加，现在该公司已经家喻户晓，其售后服务堪称模范。

最初，公司每年都向他们的顾客发送免费的滤油网，这举动是非常小的，但是感动了许多客户。那些被感动的客户便成为了公司的品牌宣传者和忠实的消费者。要知道，一个好的口碑是花多少广告费都买不来的。

案例 1

小小是一家网络服装店铺的忠实消费者，不但自己去那家店里购物，还经常带朋友去选购。大家经常开玩笑地问她：“你是不是这家店的义务宣传员啊?”小小就会认真地跟大家解释。

原来，事情是这样的，在 2006 年年底，她想送礼物给朋友，在店里寻找。最后，她发现了一个风格、价格合适的衣服。很快，她与业主谈好价钱，下了订单。

四天后，她高兴地把衣服作为礼物送给了她的好朋友，没想到几天后，朋友不高兴地问她：“亲爱的，你在哪里买的这件衣服？缩水很厉害!”

小小看到洗完的衣服后，发现的确是严重缩水，短了半尺。虽然朋友说没关系，但小小仍然感到非常生气。

回到家里，小小立刻打电话联系老板。将自己的问题给他留言，希望能够妥善解决她的问题。然而，冷静下来，思考一下：钱都花了，估计是自己的运气不好。

出乎意料的是，第二天，小小的电话响了，打电话的是店铺老板。通话过程中店主不断地道歉：“这一事件，我很高兴你的反馈。为了表达我的歉意，必须双倍赔偿。”

听店主这么客气，小小有点尴尬，她说：“每个人做生意都不容易，你可以给我退款，但不必双倍赔偿。”可是 3 天后，邮局汇款到了。上面是店主的双倍货款，并表示道歉。收到汇款后，小小非常感动，她说网络企业也这么讲信用。

自那以后，小小与店主成为了很好的朋友，不仅自己经常去商店买衣服，还建议自己的好朋友去买。店主虽然在业务中会偶尔遭受损失，然而，备受感动的顾客都是商店的忠实追随者，这为店主带来了更多的利润。

案例 2

一个在互联网上小有名气的店主因为运行良好，经常出现大量客户同时在商店购买商品的情况。因为一时客户猛增，店主一个人忙不过来，难免让有些顾客遭受冷遇，但这个店主从来没有让顾客因为这样的原因而产生不满的情况出现。

原来，这个店主每次都会按照排号的方式，让接受服务的顾客排队。对于排在后面的顾客，他都会深深地进行道歉，并且向顾客赠送小礼品。

他每次都会对排队的客户说："我很抱歉，在你前面有 X 位顾客。对不起，让你久等了，请接受我的礼物，在商店里自由购物。谢谢你。"

有些心急的顾客可能会生气，但当他看到主人如此用心和真诚地道歉，相信没有一个客户不谅解这样一个忙碌的店主。

许多店主，认为他们可以操纵客户的情感，从而骗取消费者的喜爱。这些欺骗可能在短时间内能得到消费者的接受，但这些行为会随着时间的推移而被识破，并不能让消费者真正感动，甚至产生相反的效果。

为了感动而制造感动的人是不会得到消费者回报的。最终，清醒的消费者将会抛弃那些不讲诚信的店主，永远离他们而去。

有些店主不肯在商业上花费心思去经营，总是想通过不诚实的方法赚钱。想和消费者玩一些文字游戏。他们逢年过节总喜欢大搞"伪促销活动"，然后打着买够多少就赠券的幌子，吸引消费者前来购买，最后却用文字游戏来欺骗顾客。这样的店主，生意一定做不长。

案例 3

小源经营着一家品牌包专卖的网店，由于他经营的牌子很有名气，虽然包的价格很高，但其销售量还是非常不错的。

但小源不想贪图安稳，心中很有“想法”，不肯维持现状。他打起了商品促销的主意，于是他风风火火地在网店公告栏发布了促销通知。他在通知里写道：“凡在本店购买 400 元的商品，就可以获得 200 元代金券。”并用小字在通知最下面写道：“最终解释权归本店所有。”

平时那些“望名牌兴叹”的一般顾客见这是购买心仪商品的大好机会，便疯狂地购买。而那些老顾客更是不会放过这绝好时机，见店主打出如此大幅度的优惠，更是加大了购买的数量。

短短的几天之内，小源店内的销售额便成倍增长。但小源的心里却并不平静，他在担心那些拥有大量购物券的顾客，哪天都来换购可是一笔不小的数目，很可能导致自己亏本，这让他整天坐立不安，茶饭不思。

由于担心自己亏本，小源又想到了一个“好主意”，他又很快地在网店公告栏里发布了一个新通知：“凡购足 100 元商品，可以使用 10 元代金券。”

很明显，小源这是在与顾客玩文字游戏，想蒙骗消费者。但消费者可不都是好惹、好骗的，于是一些顾客对小源的欺诈行为进行了工商举报。不久，工商部门便就小源的违规行为做出了罚款的处罚，并且要求其退还消费者全款。

就这样，小源的发财梦破灭了，“赔了夫人又折兵”。重要的是小源的生意信誉也毁了，品牌形象也臭不可闻，从此，代理商不再为小源供货，彻底跟他断绝生意往来。

随着梦想的破灭，如此痛苦难忘的经历让小源深刻地认识到：只有用一颗真诚的心对待顾客，才能换来顾客的忠诚对待，投机取巧害人害己。

古时候，人们做生意就知道要恪守“童叟无欺”的原则。并且告诫人们“君子爱财，取之有道”。对于不懂得遵守诺言、不讲究商道的卖家，根本谈不到感动顾客。

但“浪子回头金不换”，痛定思痛的小源在不久之后又重新振作精神，从头做起了一家新的网店。现在的小源诚实经营，踏实做事，热情待人，新的网店很是红火，每个月的销售额也很是不错。当然这都是小源用真心和勤奋换来的。

小源的真心终于换来了顾客的信任和支持，他真心实意地与顾客交往，提出中肯的建议。这真是“种瓜得瓜，种豆得豆”。

现实中，有很多网店都打出“让顾客满意”的口号，其实只不过是作秀而已，根本不可能真正得到顾客的心。只有做出让顾客感动的实事，才可能在激烈的竞争中击败对手，并生存下来。

2. 打造完美客服

现实生活中，顾客往往会遇到两件条件相仿的商品，这时该如何进行选择呢？毫无疑问，有客户服务保障，并且服务质量高的商品才会被顾客选中。不只是家电类商品，其实所有商品的客户服务保障都将让顾客的购买行为充满安全感。

在多数情况下，商品本身的好质量并不是决定顾客愿意购买的唯一因素，有一个好的客户服务也是非常重要的。一个好的客户服务不仅能给顾客以专业性的体验，还能给人以极具责任感的心理感受。所以说客户服务质量不可无视，要在平时的经营过程中得到重视。一个完整的销售过程应包含一整套配套服务，而绝不是卖家施舍给买家的小恩小惠。

为客户提供周到细致的客户服务和质量优质、品质上佳的商品，这是一个销售人员的责任与义务。同时，对于一个优秀的销售人员来说，既要有过硬的销售技能和专业知识，还要有一颗全心全意、真诚待人的心。不然，生意难以成功。

网店商品与实体店内的商品不同，顾客难以看到商品实体，更不要说商品的优良情况了，商品照片是顾客了解商品的唯一途径。然而，就算是有商品照片和相关描述，但对于顾客来说就好似“水中花，镜中月”一般，只能看到商品的大致轮廓和大概内容，至于商品的细节，还是需要店主为顾客描述的。

在实际销售中，一些好奇心比较强或心思细腻的顾客，会向店主提出各种出人意料的问题。这时就是考验店主综合能力的时候，如果对产品知识了解不足，便难以完整、专业地回答，从而使交易受阻；否则，一旦在这一过程中使用了错误的语言描述商品，最终误导顾客，会引起顾客对店主的不满。

案例 4

思嘉经营着一家化妆品网店，她开网店的最初动机并非爱好，也非对化妆品行业的了解，而是因为她觉得化妆品行业有很高的利润收入，便开始了网店经营。

与许多新店主一样，创业初期的思嘉对化妆品行业知之甚少，完全是个“门外女”。在最开始进货时，她完全听从供货商的摆弄，供货商说哪种产品好，她就痛快地进哪种商品。甚至，有的化妆品怎么使用、有什么用途，她都无所知晓。她就完全凭感觉进货，觉得哪种商品的包装精美或名称时尚，她就进哪种货品。

所以不难想象，思嘉的网店生意在最初的时候非常糟糕。有时，她因无法看懂化妆品上的文字说明，她只好把每一款化妆品的说明书抄到商品文字说明上，这样就解决了商品的介绍问题。

但是新的问题和难题接踵而至。一旦有顾客对商品产生兴趣，自然会去仔细地查看说明书，然后再去询问店主一些奇特的问题。例如，自己是油性肤质，这款产品自己可以用吗？或者问店主这款产品和其他产品可以混合使用吗？等等。

思嘉自然无法进行回复，也便因此错失了许许多多的好机会。不久之后，她的店铺就面临关门的境况。为了店铺的生存，思嘉才进行思考，决定认真学习化妆品使用的各种专业知识以及各种护肤知识。

为此，她订阅了大量关于化妆品和护肤方面的杂志，并且报了一个美容护理方面的进修班。经过一段时间的刻苦学习之后，她俨然成为一个热心的护肤专家。她能轻松自如地为身边的亲人、朋友、同事的皮肤问题提出意见和有效方法，使之得到很好的解决。

渐渐地，思嘉成了她朋友圈中有名的皮肤专家。现在，她每次去进货都要向供货商了解关于产品的各项指标。供货商看她这么内行，谁也不敢用次品搪塞她，所以她每次都能够进到不错的产品。

为了自己的店铺宣传和吸引顾客光顾，思嘉还特意在自己的店铺上开办了一个护肤讲座，吸引了大批的顾客光顾，其效果非常好，生意火爆。现在，如果再有顾客向她提问，她肯定会耐心地加以讲解，并免费对顾客的皮肤进行测评和分析。

如此专业而又贴心的客户服务，使得思嘉的网店生意如火如荼。在一些顾客不知怎样选择护肤品时，思嘉在为顾客搭配一整套适合的产品的同时，就是利用这样的机会向顾客宣传护肤知识。顾客购买之后，她还会告诉顾客一些使用化妆品的禁忌和小窍门。这个销售过程不仅让顾客感觉非常舒服，而且思嘉心里也非常有成就感。

“知识就是力量”用在思嘉的成功经验上真是恰当。思嘉的店铺不但拥有品质优良的化妆产品，还具备了贴心的客户服务和专业指导。

有些商品（尤其是贵重商品）需要有保修服务，对于这种商品，店主一定要在商品说明中详细注明该商品可以享受这项售后服务。

专业、周到而热情的保修服务不但可以增加消费者对店主的了解与好感，同时极具人性化的售后服务还可以减轻消费者对于商品维修的抱怨和不满，从而与客人拉近关系，成为友好的朋友。在维修中有些配件或服务是要收费的，店主还可以因此扩大收益，可谓利人利己。

商品销售出去后，一旦收到商品的顾客表示不满意，店主去了解顾客对商品不满意的原因是第一要务。

如果顾客因商品有瑕疵而表示不满意，那么可以征求顾客的意见，提出可以调换货物，并由商家负担邮费的解决方案。有的时候，商品的瑕疵可能是在邮寄的过程中出现的，商家不应该负担责任，可是顾客又不依不饶，这种情况下，店主就要具备耐心和容忍心去倾听顾客的抱怨，再去一步步地消除顾客的不满情绪，告诉顾客本店有明确规定，在签收邮件的时候应该当面验货，否则一切损失由顾客承担。但是为了减轻顾客损失，商家可以配合维修。

商品一旦出现问题，顾客自然会感到不满意。但不管是哪一方的责任，作为店主都要以热情和真诚的态度去帮助顾客分析、解决问题，及时实施补救办法，并且还要做好顾客的安抚工作。如果问题不是出在顾客一方，店家一定要按照承诺，做好退、换货的工作。如果是商品实物与图文不相符合的情况，店家首先要做的就是表示歉意和遗憾，不要推卸责任。然后，再去询问顾客觉得商品哪里不够满意，不相符合的地方在哪里，这个过程中店主要仔细、耐心地听取顾客意见，然后再思考解决问题的办法。在了解了顾客想法和不满之后，就可以进行合理的解释了，争取顾客的谅解和宽慰，再根据商定的解决办法去妥善解决问题。

李小姐在客户服务方面可谓是周到细致。她主要采取的就是“反客为主”的策略，与顾客身份互换，站在顾客的立场上想问题，她认为顾客是否购买商品，常常取决于卖家的服务态度。

顾客往往会因店主洋溢的热情、相迎的笑脸而驻足，并且非常有可能成为友好的朋友；相反，顾客也会因店主傲慢的态度、沉默的言语而转身离去。因此，李小姐在对待顾客的时候，总能真诚地体会顾客的内心感受。

很多店主都觉得自己的运气不好，生意太难做了，总是碰到太多过于挑剔的顾客，把顾客当上帝太委屈自己了。但是，不管顾客多挑剔，他们始终都是店铺的“衣食父母”，离开他们，店铺将难以为继。

完美的客户服务，生意自然兴隆。想明白这些道理之后，店主就应该在客户服务上下足功夫，再挑剔的顾客都不成问题。

（1）充满热情

QQ 或其他联络工具是与顾客进行友好而愉快的交流的途径，李小姐在这方面就做得非常不错。在聊天交流的过程中，她总是发送许多笑脸或可爱调皮的表情，从而使顾客倍感亲切。李小姐说：“两个远隔千里的人，互不了解，说话习惯和表达习惯会有很大不同。并且在网络上不能时时看到对方的面部表情，因此难免引起误会。所以为了避免误会的发生，让对方知道自己的心情和当时说话的语气，要多加表情图片。”

（2）说话之前问声好

在交流前问声好，是人之常情。李小姐总是会主动、热情地向客户问好，从而为与客户进行友好交流做铺垫。而后再加上个笑脸图片，会让消费者心里觉得暖暖的。没有哪一个顾客愿意与一个十分势利的人打交道，如果一上来就直奔主题，会让顾客觉得店主太势利了，从而引起顾客的反感。

（3）不卑不亢

与做人的道理一样，做生意也要不卑不亢。有的卖家在与顾客的交流过程中过度热情地夸赞顾客的眼光，或是赞扬自己的商品与顾客有多匹配，其实这样只会令顾客非常反感。

李小姐就在这方面做得很妥当。李小姐既不会向顾客谄媚，也不会冷漠顾客。当顾客有疑问、有需要的时候，她便热情地进行服务，耐心地讲解。而当顾客无理取闹时，她也不甘示弱，据理力争。李小姐这种不卑不亢的服务态度与方式，自然会得到顾客的尊重和理解。交易的过程总是很愉快和顺利。

（4）推荐适度

正确、适当的商品推荐，会使交易变得容易和顺利。过分推销，也许会弄巧成拙，吓跑顾客。

李小姐在向客人进行商品推荐时，往往是在顾客提出问题之后，以解决问题的形式向消费者真诚推荐商品。这样既可以满足消费者的需要，又不至于有强买强卖的嫌疑。

（5）耐心介绍

如果遇到对自己的商品感兴趣的顾客，李小姐会认真详细地介绍商品。无论是从外观细节还是保养维护，她总会很有耐心地向顾客讲解，从而消除顾客疑虑。李小姐说："绝不能放过顾客询问商品信息的机会，因为能有机会向别人宣传自己的商品就是成功。"

有的店主对顾客总是很不耐烦。其实每个人的理解能力不同，多体谅对方，让对方感到店主的诚心之后，就没有做不成的生意。

（6）不要夸大其词

千万不要夸大产品功能，对产品事实进行歪曲。因为顾客在买回产品并使用时，自然会真正感受到货品的好坏，如果顾客发现描述与事实情况不符，那么顾客就会要求退货，产生不满。即便是顾客没有要求退货，但心里也会暗自不快，自然不会对该店铺有一个良好的印象。一个给人不诚信印象的店铺是不会被顾客青睐的。

（7）说话算数，售前、售后一个样

俗话说："说出去的话，泼出去的水。"店主在销售商品时万不能轻易许诺，一个严谨、稳妥的店主必须掌握说话的分寸。

一经许下承诺，就难以收回。如果某些挑剔较真的顾客翻脸，或者出现一些意想不到的状况，自己便不好推脱干系，否则信誉将面临影响。

李小姐在对顾客讲解售后服务时，总是本着“做不到的不承诺，承诺之后就一定要做到”的方针。哪怕有时这样做会亏本，她也会严格履行自己的承诺，绝不会出尔反尔。

（8）反馈服务，定期问候

为了自己的服务能快速提高，在商品销售过后，店主要及时收集顾客的反馈意见。如到了传统节日，店主可向广大顾客送去礼品和真诚的问候，一句老朋友般的问候会让顾客心情愉悦并且深受感动，因为千里之外有人牵挂，实在是件令人高兴的事。

李小姐就是因为做到了这点，才换来了顾客的好评和大量、长期的 VIP 顾客。

（9）生意结束道声谢

做生意就是与人打交道，要有礼有节。如果顾客购买了你的商品，当他临走之时，一定要送上一句真诚的谢意，这不仅能使顾客高兴，更能显示个人素质。

3. 细致入微的客户服务

店主要想避免因图片不清楚、库存不足、订单处理滞后、送货不及时等不良因素影响利润，并想避免订单被取消的风险的发生，就要灵活多变地寻找方法，做到细致入微的客户服务，直至顾客满意。

案例 5

小王是一家网店的店主，她对于这一点深有体会。她认为不必花费大量金钱去讨好顾客，想要与顾客保持良好的关系要做到四个字：礼轻情重。这个方法颇为有效，能够让消费者切实体会到店主的真情。

小王经营的是礼品、玩具，因此经常能够遇到两类顾客，一类是为自己购买玩具，另一类是为别人购买礼物。

对于第一类顾客，小王采取的是“真情奉送”策略。小王每天都要调整好自己的心态之后再开店营业，因此她总能用快乐的心态去迎接每一位来到店里购物的顾客。小王说：“情绪是可以传染的，快乐也是可以传染的，我要用快乐感染每一位顾客。”

她总是会在货物储备上面做好充足的准备，打有准备之仗。当天的订单绝对不会拖到第二天。因为她知道，商品的快速到达是每一位顾客的心愿，可是那些把订单转给第三方，由第三方来发货的、贪图省事的卖家，便采取这样一种代理的方式做生意。其实这种做法有很多弊端，如果有了第三方的加入，责任问题不好区分，或者容易发错货、发出残次品等，这样必会影响自己店铺的形象。

在发送邮包的时候，小王经常会在包裹里放一张精美的友情卡，而这卡片上并没有任何关于店铺的广告，仅仅印有问候语和自己店铺的名称。而且卡片做工精美，温暖、祝福的话语使人感到亲切和趣味感十足。

同时，小王总是为商品裹上严严实实的包装，以至于很多顾客在打开包装的时候都笑称：“太结实了，是不是用了一盘胶带啊?”但是这些顾客在看到里面完好的商品时，没有人不赞叹店主的用心。

（二）网店风险的规避

“居安思危”是古人传授给我们的一条哲理。因此，广大的网店店主不要只看到眼前的利益和好景象，还要具有危机感，在思想上有准备。在任何时候，危机感都可以帮助经营者提高警惕，随时应对各种可能发生的情况。

俗话说：创业容易，守业难。这句话一样适用于开网店这项事业。网店开起来后，不要觉得这就万事大吉了，后边的路还长得很，还有许多的困难在等着店主去克服。在网店运营进入平稳期后就更不要放松警惕，要始终具有危机感，有一种风险意识。

1. 网店进货的风险

创业开店是一种有风险的投资，必须遵循量力而行的原则。千万不要把开网店这件事当作玩笑，毫不重视。应尽量规避风险，不可拿自己的血汗钱去打水漂，要尽量把手里的资金投入到风险系数小且利润大的事业中。

网店开张之初，必然会有进货量小、供货商给较高的进货价格等问题，店主便不得不去找一些小的批发商进货。但多数情况下，小的批发商不但货量少，而且商品质量也不能保证。

为了避免在进货上面上当受骗，店主在去进货之前，必须有一定的专业知识；在进货之时，店主也千万不要放松警惕，要认真仔细地查看货品的质量、做工与材质等各个方面。还要事先与进货商签订必要的书面合同，一旦出现了质量问题，要包退包换。如果是季节性的商品，店主在进货时还要考虑进货的季节性和时尚性。

案例6

董小姐就是一位特别有危机意识，并且特别懂得怎样规避风险的网店店主。董小姐对服饰也是很有研究的，她自己衣着大方得体、考究时尚，总是给人眼前一亮的感觉。她的网络服装店的装修也非常漂亮，整个店铺充满着一种时尚的气息。

董小姐就是因为懂得怎样规避风险，才把她的网店经营得红红火火，有模有样。由于服装行业的季节性非常强，受气候变化影响非常大，因此在进货方面要特别注意，仔细考量。董小姐深知其中的道理，她总会在换季之前，早早进行打折促销的活动，所以她的店铺从不会有货物积压，货物更新总是很及时，仓库里井然有序。如此不仅减少了库存积压，还能使店铺货品流转得合理。

为掌握主动权，要提前做好规避风险的准备。即使换季很快，也不会被动地随着季节的变化而手足无措。

例如，裙装主要是在每年八九月份的市场上流行，但这个季节就不能再继续进裙装了，因为过了八九月份便马上进入秋季，要做的就是要薄利多销地把夏装甩出去。

八九月份过去了，秋季即将到来。董小姐便会立即进一大批秋装，不但丰富了商品品种，还避免了压货的风险，同时利用这个时机也为批发商代销了一些服装，可谓一举三得。

董小姐还特别注意在进货时充分考虑服装的款式新颖度，因为现代社会处于个性化的时代，人们崇尚个性、时尚，如果款式落伍，就意味着店铺输在了起跑线上。

经营者只有密切关注时代变化，深入了解市场，才能捕捉到更多的时尚气息，进而抓住流行趋势，领先时代潮流，才能选择到时尚的服装。

为了保证人们在市场上很难找到款式、质地相同的衣服，吸引更多的消费者，经营者要有独特的进货渠道，才能够进到款式独特、新颖的服装。

“穿衣戴帽，各有所好”，消费者由于个人审美观念的不同，消费差距也很大。董小姐在销售经历中常遇到这样的问题：本来自己花费了许多时间而挑选出来许多款式、颜色都十分时尚、漂亮的衣服，可是到店内的消费者们并不喜欢她挑选出来的这些衣服，甚至不屑一顾。

每当发现顾客有如此反映，董小姐都是花最短的时间与批发商进行沟通，从而进行货品的更换和更新，不然的话，那些不被顾客青睐的商品就很有可能积压在仓库里，并且店铺的经营也会受到影响。

所以，董小姐总是在与商家谈好换货问题之后，再谈是否进货的问题，因为她无法确保消费者能否喜欢她所进的商品，这些考虑便是为了保护进货品质、降低进货风险，这样的换货意识是必不可少的。

董小姐最令人感动的就是她对于美的追求和对时尚的品位。她认为自己的成功是基于未雨绸缪的意识，如果经营者没有风险规避意识，那么在经营中发生“触礁事件”在所难免。

淡季储存，这是董小姐又一规避进货高成本风险的策略。因为她知道淡季的商品价格会很低，这是进货的好时机，然后淡季的货品再在销售旺季进行高价售卖，这样一来高额利润收入囊中。

在淡季，厂家为了维持持续的生产能力，解决资金压力，往往采取一定程度的降价措施把产品处理给经销商。在市场起伏期的这个阶段，充分分析产品的未来销售能力，充分利用阶段性的价格优势，也是经销商利润最大化且占领市场的一个必备手段。

然而，在大多数情况下，经销商的资金往往局限于一个或几个品牌，为了缓解资金压力会卖掉库存，在这种情况下，经销商是最被动的。因此董小姐认为其淡季产品储备行为所带来的风险也是最大的，一旦投资出错，资金被冻结，就会是毁灭性的打击。但当我们研究市场，了解市场之后，根据自己的实际情况来适应自己的发展计划，必会预测可能遇到的风险。

对可能的风险进行分析，并有针对性地规避风险，有利于制定战略，使影响达到最小化，用小的投入或者零投入获取一个大的利润，或迅速抢占市场，使自己立于不败之地。

2. 金融风险

网上开店有利润，同时也有风险，既要防备黑客的攻击，又要谨防诈骗，只有提高警惕才能杜绝一切金融风险。

为了防止黑客，店主应该查杀所有种类的病毒，并把电脑的远程操作强制功能关闭，这样可以有效地减少黑客的入侵，为自己的账户和店铺设置一把保护伞。

网络上的诈骗防不胜防，店主要时刻保持警惕。许多店主被欺骗、遭受打击，都是因为他们对客户没有任何戒备心。

例如一些买家，通过聊天给卖家留下的印象很好，然后才说购买商品，在赢得卖家的信任后，他们假装没有注册支付宝，然后要卖方提供账户，直接付款。之后，他们说出各种各样的原因，如他们害怕被欺骗定金，然后要求全部到货后再付款，下面的结果想必大家都可以猜到了：货到之后，货款却没有到。

还有的买家在获取卖家账号等信息之后，还会想办法获取卖家的身份证号，然后通过非法途径，冒取店主的账户余额。

一些买家看到卖家承诺的送货上门的交易，便打歪主意。小雨在为同城交易的买家送完货之后，拿着钱去当地的一家超市。令人惊讶的是，在超市里小雨被告知他的钱是伪造的。

所以要提醒店主，现金交易时，必须要注意钱的真假。

有一些骗子的首付款是用支付宝支付给店主的，然后要求见面后交货。在老板给他送到货物后，买方将立即申请退款的理由是“没有收到货”。没有凭据的卖家，只能吃哑巴亏。

对付这样的骗子的方法其实很简单，只要在收到对方收据后交货即可。

有一些骗子会先将货款汇给店主，然后在钱刚刚汇出之后，就将汇款单传真给店主，要求店主立刻发货，他们就是在利用银行的汇款交割时间差做文章。当店主发货之后，这些骗子又将汇款申诉撤销。

对付这种骗子，最好的办法就是收到钱之后再发货。

有一些订购了大金额商品的骗子会因为同城的原因，要求当面送货交款，送到买方房间后，店主会受到侵害，商品被夺，金钱被抢，甚至受到人身侵犯。

为了防范这类骗子，最好的方法就是在室外进行交易，千万不要进入买家的房间。

有些骗子为了博得卖家好感，和卖家套交情，会买些小礼品赠送给店主。交易刚开始，他们会非常守信用。可是再后来，他会越来越多地订购商品，然后他会编出各种理由说，要先发货后付款。可是等到店主真的把货发出去之后，他们就会消失得无影无踪。对付这种骗子的最好方法，就是要时刻警惕突然改变交易习惯的熟客，特别是信用等级不高的。

同时，还应该引起大家注意的是：除了国内的骗子以外，近年来，国外不法商人通过网上交易诈骗中国出口企业的案例也不断增加。

网上交易是贸易营销的一个重要手段，成本低，信息量大，效率也很高，所以电子商务在国内外的使用已经非常普遍。但国际不法分子也看到了电子商务的便捷性，利用它进行欺诈活动。

案例 7

2006 年元旦，小楚收到一个美国的订单，客户决定购买价值 1600 元的珠宝。小楚感到很开心并很快回复邮件，同意做这笔生意，并答应对方提出的先付 50% 的货款，其余的 50%，在交货后的一周内支付。

这个客户表示同意，并且很快汇来 800 元，小楚也按时发了货。货到后，该客户很快汇出余款。后来该客户又做了几笔货款金额为几千元的生意，每次付款都很及时，双方逐渐建立了互相信任的关系。

在 2006 的下半年，客户的订单增加了许多，交易金额多以千计，甚至多达数万元。到 2007 年年底，顾客又订购了价值 60000 元的货物，而且客户要求货到付款，否则他将不再与其合作。小楚认为这是一个大客户，信誉一直很好。让小楚最放心的是，客户也有一个在线商店，规模非常大，还能进入他们的网站与客户接触、聊天，最后他同意了客户的要求。

根据要求，货物很快发送到了某地址。但是等到了付款日期，客户一拖再拖，直到付款的截止日期他都没有付款，并以各种理由来拖延，说自己最近的资金周转不灵，货物积压，反正是拒不付款，何时有钱何时付款。

但小楚仍然认为该客户是一个值得信赖的人，便又耐心等待客户回复，还经常进入该客户的网站与其联系，催收货款。

最后的结果就是，该客户很快关闭了网店，再也没有和小楚进行联系，如人间蒸发了一般。后来，偶然的一次，小楚在网上查东西，竟然发现该客户又新建了一个网站，这个网站的经营内容和之前的大不一样，而且经营的货物品种很多，还在不断欺骗其他人。

小楚想通过法律手段收回债务，但既无合同也没有提单或证明发票账单或收据。在缺乏任何有效证明的情况下，律师也很难做。

对于这种国际骗子，最好的办法是不信任对方，在开展业务之前，要先签合同，不要忽视任何被欺骗的可能，并且把电子商务与有效纸质文件结合起来。

店主要树立先进的安全管理的意识，电子商务既为店家带来了机遇，也带来了挑战。如果店主能充分利用网络技术，发挥优势，就可以大大提高管理控制水平。相反，如果管理不到位，这将增加交易风险。

3. 寄送风险

现在网上商店的市场发展已进入务实发展阶段，突破了概念炒作和短期利益行为，正在为赢利和长期发展做积极准备，状况良好。网络销售将成为中国互联网发展的下一个热点和赢利点。国内网络商店的新型商业模式的多元化趋势正在兴起。

在各种有利条件下，网络店铺的发展在中国也日趋理性地走向繁荣，从“老牌”易趣、8848，到淘宝网等新贵，都在这样的大环境下取得了前所未有的发展。

这样一个繁华的市场，物流仍然是制约其发展的主要问题。很长一段时间内，降低物流配送系统和价格风险，提升品质，将成为中国电子商务发展的瓶颈。

当前网络交易之后，商品配送主要通过以下几种方式来完成。

(1) 邮政体系配送（特别是 EMS）

邮政体系配送是指店主在其营业地点建立产品仓库，根据消费者网上购物清单和家庭地址信息，办理邮政递送手续，通过邮寄手段

（特别是 EMS 特快专递）将货物送到消费者手中。

这种方式的不足之处是：

①普通邮递速度慢，而 EMS 服务收费偏高。

②EMS 特快专递服务，虽然“特快”，也难以在购物的当天把货品送达，而这一点是大多数消费者非常关注的。

③邮政体系服务水平偏低，容易造成包装破损、货物损坏。

（2）网店自建配送体系

网店自建配送体系是指网店在其目标市场上设置的送货点，即网店经营者在网民较密集的地区设置仓储中心和配送点，网站根据消费者购物清单和家庭住址信息，由消费者所在地附近的配送中心或配送点配货并送货上门。

这种模式分布的方法可以克服“不够快”的问题，以满足消费者的“网上购物”的购物心态，但也存在以下问题：

①配送中心和分销点需要大量投资，将增加成本，抵消网上购物的优势。

②配送中心和分销点需要建立多少，很难提前确定。

③存货带来库存风险。

（3）借助第三方物流企业

借助第三方物流企业是指网店经营者根据消费者网上购物清单和家庭地址信息，利用“第三方物流企业”的交通、运输、仓储连锁经营网络，把商品送达消费者。采用这种送货方式，由于送货量往往较小，虽然送达的时间较 EMS 快，但送货费用一般比 EMS 还高。

除此之外，使用上述三种类型的物流存在需要独自承担库存风险的不足。因此，如何降低配送成本，提高配送能力，充分发挥网上交易的优势，成为当务之急。

为了避免事故的发生，在货物交付时，店主最好使用邮政邮递的方法，或使用大型快递公司为自己运送货物，不要总是因贪图便宜，而影响最后的结果。

店主发货前要仔细检查送货地址和由买方（或其代理人、收货人）提供的明确的名字。如果由买方提供的收货人的姓名和地址不符合原来网上所提供的，要建议购买者提供一个一致的送货地址或收件人，避免发生不必要的纠纷。

此外，尝试通过电子邮件或短信与买家取得联系，并保留你与买家联系的资料。发货时请对邮寄的商品进行完备的包装，以确保货物顺利到达，发货后请保留发货凭证。如果是虚拟的东西，请保存好发货的相关截图。

如果店主发送的是贵重物品，请务必使用保价功能，这就像为商品买了保险，即使在交付商品过程中丢失或损坏，也不会导致店主损失惨重。

4. 售后风险

店主不要以为拿到了货款、出手了商品，自己的风险就结束了，其实不然，还有一个售后风险。

许多产品需要售后服务，如移动电话、电脑、家具等，这些产品中，著名的品牌当然可以享受全国生产商的担保，经营者便不必操心。而一些小品牌，最有可能是一些较差的企业，会很快消失，作为一个经销商，可能要为此遭受损失了。

对于那些价格昂贵、又不能实现全国联保，并在保修期内出了问题的商品，店主要为顾客排忧解难，兑现维修承诺，这就要消耗掉店主很多时间、路费、邮资等。

案例 8

小易经营着一家小家具类网店，这些小家具材质多是名贵的红木，因此价格昂贵，在进这些家具时，厂家给出免费保修 2 年的承诺。

有了厂家这样的承诺，小易在销售家具时也给出了免费维修两年的承诺。由于商品设计新颖、实用，再加上近年来韩式家具走俏，所以小易的家具店生意非常好，产品销遍祖国的大江南北。

但小易万万没想到的是，中国国土面积辽阔，经纬度跨度大，导致各个地方的气候差异也非常大，由于湿度、温度等气候条件的差异，这些家具竟出现了开裂、虫蛀、变形等许多问题。

这时问题就突出了，家具的维修费是小易自己出，还是厂家出，在进货之初并没有相关的协议。为了维护店铺信誉，这笔费用只好由小易自己承担。但由于店铺刚开始经营，小易给的价位很低，利润也就很低，一套售价 500 元的家具，小易其实只能挣 110 元左右。

现在，为了兑现免费修理的承诺，每一次他承担了 80% 的来回运费。家具维修一次，小易都是徒劳无功，而那些修复超过两次的家具，他都算是一个净损失。

最令小易忧心的是，在他经营小家具的第三个年头里，供货的这家家具厂由于经营不善而迅速倒闭。因此小易的麻烦就更大了，那些在他店里购买小家具不久的顾客都纷纷提出了意见，因为他们难以享受免费维修的服务了。

就这样，无可奈何的小易只好退款给这些顾客。最终以每套家具退款 100 元的方式，买断了所有客户的 2 年免费售后维修服务。

随着这个棘手问题被解决，小易多年来的心血都付之一炬，更不要说什么利润了。“吃一堑，长一智”，现在他只代销红木厂家的产品，并且每次在销售之前都跟顾客讲好维修运费的问题。

自从经历了上次惨痛的经验与教训，小易现在的店铺经营得很是不错，还拥有了众多的 VIP 客户。

广大店主还要在减肥产品、化妆品、口服液等特殊商品的售后服务上面多下工夫，一般出售之后，就不再为顾客退换商品。

由于商品种类众多，店主不可能对每一种商品都尽心细致地使用和体验，因此，要求店主在进行产品介绍时，万不可夸大商品功能和效果，而要实事求是，按照说明书的标识向顾客讲清楚。否则，必会招来广大顾客的不满。

一定要选择合格产品，不能销售假冒伪劣产品，这是对店铺经营的最基本的要求。

假如，店主经营假冒伪劣的商品，一旦消费者在购买之后，出现了一些问题，甚至重大事故，那么，作为经营者是难辞其咎的，在严重的情况下，还有可能追究贩假者的法律责任。

有的店主在网上销售小电器，一定要注明哪些部件售后免费，服务的期限分别是多少，以免被顾客误会，造成不愉快。

案例 9

小胡在一家网店看中了一款家庭音响，在购买的过程中，热心的店主向他介绍，这款产品 3 年内免费维修。小胡见售后服务不错，就买了下来。可是，在他使用不到 1 年的时候，音响便出现了质量问题。后来在专业人员维修的过程中，发现了问题的所在，原来是一个配件坏了。小胡于是跟店主联系，希望能够获得免费维修。

但该店主对小胡解释道："只有核心配件才能进行 3 年免费的维修，现在坏了的配件并不是核心配件，只是一般配件，所以不能进行免费维修。"

小胡一气之下便给了这家店铺最差的评价。看到了小胡的差评之后，这位店主也觉得自己很委屈、很冤枉。因为产品说明书明明就是那样标明的，并不是自己的问题。可能是由于一时疏忽，在向小胡进行产品介绍时并没有特意提到这一问题，从而使这笔交易变得尴尬和不愉快。

而店主小刘就很聪明和细心，平时销售产品的过程中，她都会特意把售后条款解释给顾客，让顾客仔细阅读。一次，一个购买了小刘的商品的顾客对她说："别人家店里的电脑都是 2 年保修的，怎么你家只给保修 1 年啊?"

小刘耐心地向这位顾客解释了其中的原因，产品的保修期都是遵照产品说明的规定而履行的，这是无法更改的。如果顾客不相信，可以查看产品说明书。

那位顾客在查看了产品说明书之后，哑口无言。但他并没有因此不满意小刘的产品及其售后，反而对小刘的印象很好，觉得她诚实、稳重，值得信赖。因此便长期在小刘的店铺购买商品，还把小刘的店铺推荐给许多好友。

从长远来看，那些胡乱承诺售后维修服务的店主的做法并不可取，即便是取得了短期利益，但这种夸大、不符合事实的承诺，必将增大售后的风险性。但如果一味怕承担后果而不给顾客一定承诺的话，又会使信誉受影响，甚至遭到投诉和差评。